新しいチャンスのとき

谷口清超

日本教文社

はしがき

人は毎年必ず歳をとる。そして遂に〝ご臨終〟となるのだが、年と共に新しい経験も次々に起ってきて、人生は実に楽しく、面白いものだと分るのだ。たとえば平成十四年の一月終りごろ、生れてはじめての体験をした。朝食の支度を家内と共にやっていて、何だか気分が悪くなったので、食卓の椅子に腰を下ろしたところ、気を失ってしまった。

それまで私は「気を失う」という体験をしたことがなかった。しかし家内と雅宣さんとが背中をさすって、何か私を呼んでいてくれるようだ。だんだん気がついてみると、床の上に倒れていた。しかし気がついても、少しも苦しくはない。ただ、顔面を打ったらしく、二ヵ所ほどすりむけていた。

その後家内と雅宣さん夫婦と三人がかりで、二階の寝室に連れて行ってくれてから、しばらく眠ったが、これは「新しい体験」だった。あのまま死んでいたら、死ぬということは、まことに楽なものだと思って、大いに安心した。

その後雅宣さんは、二階に寝室があるのはあぶないから、階下の方に移しなさいとすすめてくれた。ベッドを二つ並べる階下の部屋は、今ピアノが置いてある所しかないというと、ピアノを一台、二階の寝室に置いて、ベッドと取りかえたらよい。あの階段は急だからキケンだという。

「なるほど、それじゃ、老後には考えてみましょう」

ということにしておいた。何しろスープのさめない距離に息子夫婦が住んでいてくれて、そこと室内電話がつながっているということは、まことに有難く、心強い次第である。しかも総裁職の大部分は、すでに八十歳になった二年前から、「生長の家」教規によって正式に副総裁に委譲してあるから、これも有難いことであった。

ところで本書は「新しいチャンスのとき」という題名だが、このチャンスは何歳になっても誰にでも保持されている。もう何一つチャンスがなくなったということはありえないのである。

例えばこの本の表紙のカバー写真は、デジタル・カメラで撮ったものだ。ところがこのカメラは平成十三年の初夏ごろから使いはじめたもので、はじめのころは難かしくて、とてもダメだと放棄しかかっていた。オートにすると誰でも使えるが、私はどうしてもマニュアルで深い焦点距離のものを撮りたくて、何回も失敗した。

しかしデジカメさんは、いくらでも消去して又使えるから、とても便利である。1／2秒でも1／4秒でも手ぶれしないで撮ることもできる。そして平成十四年一月十九日に「ゆには練成道場」の特別練成会に行き、福岡県太宰府市にある同練成道場に泊めてもらった時、寝室として提供された部屋で、ガラス箱に入った博多人形を見つけた。部屋が明るい太陽に照らされて、影が二段三段に写ったので、大急ぎで撮ろうと思ってガラス箱を持ち上げたら、箱がバラバラと崩れてしまった。

そこで中味の人形だけを撮ったのが、この写真だ。箱がこわれて、かえってスッキリした。これも「新しいチャンスのとき」だったのだろう。

組織でも、会社でも、団体でも、食肉センターにしても、ガラガラと崩壊したといって、失望落胆する必要はない。崩れ去ったあとに、必ず新しいチャンスが生れるのだ。それはこの現象界が「実在界」ではなく、仮りの世界であり、芝居の舞台のようなものだからである。崩れ去るのは、次の舞台が現れるときである。

本書は一、調和ある世界のために。二、平和な世界を求めて。三、神様の世界とは何か。四、明るい祖国現成のために、の四篇から構成されている。

やさしい問題から、多少複雑な問題も書いてあるし、戦争や平和のことも書いてある。人間は本来「自由・平等」の本質を持っているが、現象界ではそれらが何らかの形で制約されている。その限定をどうやって克服し、人間の本質の「真・善・美」を表現するかが人生の課題だと言えるだろう。

どうか皆さん、どこからでもよいから読んで頂いて、喜びあふれる「そのままの生活」を楽しんで頂ければ、これに勝る「新しいチャンスのとき」はないだろうと思うものである。

平成十四年三月一日

谷口清超しるす

新しいチャンスのとき　**目次**

I

調和ある世界のために

何を学び伝えるか

贈り物

人は感謝や愛情を表すために、よく贈り物をする。日本人や東洋人には、特にそのような習慣があるようだ。有名な忠臣蔵の討ち入りの話なども、贈り物の分量やその種類などの問題でイザコザが起った事件のようだが、物ごとはあまり型式にこだわっていると、不調和になりやすい。けれども物は「心の痕跡《こんせき》」であるから、古来感謝や愛情を表すために、正月や記念日などには贈り物をする習慣があったし、現在でもそうである。

例えば平成十一年一月十二日の『毎日新聞』には、次のような〝囲み記事〟がのせられていた。

《一人暮らしとなって初めての正月。暮れから風邪をひき、何の準備もできないまま、元日も寝込む次第となった。

昼近く、朝刊を取りに玄関先に出て見ると包み物が置いてある。開けると「良いお正月をお迎えのことと存じます。お口に合いますかどうか、心配です。どうぞお召し上がりくださいませ」のメモ。手作りのおせち料理だった。

おいしそうな盛り付け。『だれだろう？　だれが届けてくれたんだろう？』。自問自答しながら、とにかく神棚にお上げした。

私の一人暮らしを知っていてのプレゼントである。「あの人か？」と思い電話したら「それはありがたいこと。でも私ではありません」。そう返事され、別のこころ当たりに電話しようとしたが、「また間違っていたら……」と思い、あきらめた。

テーブルにおせち料理と缶ビールを並べ、和服に着替えて正座した。「おせち料理を届けて下さった方、本当にありがとうございます。ありがたくいただきます」。そう言いながら一口一口、味わいながらいただく。自然に涙が出てきて止まらなかった。

届け主からの電話を待ったが、ついにそれもなかった。やむを得ない理由から始まった一人暮らし。「こんな男にも気遣ってくださる方が」と思うと、また涙。世の中の情に触れ、正月早々から男泣きしたのだった。

茨城県那珂町　野内　昌　教員・59歳》

業の法則を知る

近ごろは色々の事情で一人暮らしの人もふえて来たが、男性はとかく食事や洗濯、買い物等が不慣れの場合が多い。そこで買ってすぐ食べられる既成弁当のようなもので済ますこともあるが、やはり「手作りのおせち料理」となると、そこに作った人の愛念がこもっていて、栄養的にもありがたくて嬉《うれ》しいものである。しかもそれを匿名《とくめい》で元旦に届けられたというのだから、涙が出るほど感謝されたのであろう。

たとえその贈り主が、誰であるかと分っていなくても、良い事をしたのだから、直接お礼のしようがなくても、その人の善行為には必ず善い報いが返って来る。それが「因《いん》果《が》律《りつ》」であり、「業《ごう》の法則」「心の法則」でもある。これは社会事業や宗教団体への寄附でも、協力でも、善業は善果をもたらすのであって、その逆の場合は悪果を得ること間違いなしだ。この「法則」を知らぬ人が多いから、とかく世の中が乱れるのであって、人や会社をだましてみたり、脱税をしたり、会計をごまかしたりして「得をした」などと錯覚する。あるいは又裁判沙汰になっても、〝無罪〟さえかち取ればそれですむように思い込んで、黙秘したり、ニセの証言をして刑をまぬかれたり、軽減しようとする。

これは単に「結果」を先送りするだけであるが、人間はこの世の一生でいのちが終るのではない。この世の寿命がつきると、次の世（次生《じしょう》）が待っているし、その次からの後生《ごしょう》も続々と控《ひか》えていて、永続するのである。その永い「人生学校」の中で、「諸悪莫《しょあくまく》作《さ》」「衆善奉行《しゅうぜんぶぎょう》」、つまり善いことをせよ、悪いことをするなという教えを学習し、本来の「神性《しんせい》・仏性《ぶっしょう》」なるものに目覚めて行くのである。

従って人は誰でも、男女を問わず、善い事をし、悪いことをしない。ウソいつわりを言わず、行わないことだ。するとその善行為はどんなに小さいようでも、本当は小さくはない。ちょっとした挨拶やお礼でも、口に出すのと出さないのとでは、相手に対する影響がちがうから、その「ちょっとしたこと」が大きな善業へと発展するのである。一匹の蛙を助けるのと、ふみ殺すのとの差は、大いに異なるのである。

それ故、人の美点を見て、それを数え上げるという習慣は、その人の人生を変え、善い報いをうけとること確実である。この世には若者だけとか、老人だけとかという領域があるわけではない。だからお互いが「欠点」や「美点」を持ち合っている。それを非難するばかりではなく、別の方法を見出さなくてはならない。この点について、平成十一年一月十二日の『読売新聞』には、次のような「人生案内」がのせられていた。

『36歳の会社員です。勤務先で、周りにいる年配者が立てる音に我慢がなりません。口の中で入れ歯をカリカリ鳴らしたり、食事をしている時にクチャクチャ音を立てながら食べている人が多いのですが、私はその音が嫌で嫌でたまりません。お茶をズーズー音を立てて飲む人もいます。

最近では、こうした音が聞こえる度に、「いい加減にしろ」と叫びたくなってしまうほどです。当然、ストレスがたまるので困っています。

人の欠点のようなことを指摘し、注意することもなかなかできません。毎日がストレスだらけです。一体、どうしたらいいのでしょうか。

（埼玉・M彦）』

耐え難いこと

たしかに入れ歯をしていると、合わなくなって音が出たりする。食事のたびごとに口を洗い入れ歯も洗わないと気がすまない。だから入れ歯を湯呑みの中で洗ったり、時には風呂の中で洗ったりする人もいる。他人がみると汚らしくてやり切れないだろう。スープやコーヒーをものすごい音を立てて吸う人もいるが、若者でもテレビのコマーシャルの影響をうけて、行儀の悪い恰好《かっこう》で〝むさぼり食う〟人がいるのだ。それを心の中で咎《とが》めると、ストレスが溜《たま》って、健康にも悪影響を及ぼすだろう。

この質問の回答者は、数学者でエッセイストの藤原正彦さんだったが、次のように答えておられた。

『年配者に、テーブルマナーのなっていない人が多いのは事実です。これでもかこれでもかと、すごい音を立ててスープをすすったり、食事を終えると他に食べ終わっていない人がいるのに、入れ歯を外して茶わんの中で湯洗いしたりする人もいます。音に敏感で、清潔好きな若者には、我慢できないことと思います。

しかし年配者が若い世代を不快に思うことも、同様にしばしばあるのです。私自身、電車内で脚を投げ出して座っている若者のむこうずねをけとばし、「あいつにオレむかついてんだよ」などと言う女子中高生を張り飛ばしたいのです。そして本を読まずテレビやテレビゲームばかりにかじりつく若者を、片端から捕まえ、絶海の孤島に数年間送り、強制読書を課したいのです。

若者が年配者をどこか不潔な頑固者と思うのは仕方ないことだし、年配者が若者を未熟な不心得者と思うのも当然のことなのです。互いをため息とともに見る、というのは太古の昔から連綿と続く人類のしきたりであり、健全な姿でもあるのです。耐え難きを耐えなさい。』

万物に感謝

この最後の一句が、とても効果的だ。この世の中は、神様の世界ではなく、人間の作った〝仮《かり》の世界〟である。仏教では「唯心所現《ゆいしんしょげん》」ともいうが、吾々《われわれ》の心が仮に現し出す世界なのだ。だから「いやな心」や「未熟な心」を持つ人が多ければ、乱れた、いやな、不調和な世界が現れて来る。そこで世の中の善人たちは、怺《こら》えたり、我慢したりしなければならない。時にはムシズが走る思いがすることもあるだろう。しかしこのようにして我慢ばかりしているのも難しい。ストレスの増大から、肉体的にも限界がある。それ故、生長の家では、怺えたり、我慢するのではなく、「感謝せよ」と教えているのだ。即《すなわ》ち『大調和の神示』*にあるように、

『天地万物と和解せよとは、天地万物に感謝せよとの意味である。本当の和解は互いに怺え合ったり、我慢し合ったりするのでは得られぬ。怺えたり我慢しているのでは心の奥底で和解していぬ。感謝し合ったとき本当の和解が成立する。神に感謝しても天地万

物に感謝せぬものは天地万物と和解が成立せぬ（前後省略）』
と教えられている。このように天地万物（全ての動植物や人を含む）に感謝するには、現象に現れている見かけの善悪に捉《とら》われていると、それはできない。だから肉眼や五感ばかりにたよらず、その奥にある「実相*」を心でみる練習をするのである。つまり人々や万物の「本当の相《すがた》」「実在人間」「神の国」の完全さ、すばらしさ、「真・善・美」をみるのである。この練習が「神想観*」と呼ばれる瞑想法であるから、日々これを行っていると、自然に怺えなくても相手のよさが分るようになってくる。

しかしこの練習も永続的に行わないといけない。どんな練習でもそうだが、五官の感覚を超えた無限次元の「神の国」をみる練習だから、今生《こんじょう》は勿論《もちろん》のこと、次生《じしょう》も後生《ごしょう》も練習を続けるのだ。これはどのような仕事や訓練でも、全て今生だけの練習では限界がある。それはこの一生は長くても約百年であり、いくら永生きしたといっても高が知れている。

「もうこれで充分、奥儀を極めた」
とか「悟った」などといえるようなものではない。永遠世界の実相を、単に百年や二百年間で全てみられるようになるというのは、おこがましい話であろう。

では現世以上の人生を、どうやってすごすのか。悟り切ったとか、奥儀を極めたとか言って、のほほんとしているのか。誰かから教えられたり伝えたりして〝学習〟はもうやめたのか、修行を停止したかというと、そんな生ぬるい話はどこにもないのである。「求道即伝道」であり、「求道」はなくて「伝道のみ」ということはあり得ないからだ。

例えばイエス・キリストが十字架にかかって息絶えられる直前の場面を、「マタイ伝」第二十七章にはこう記されている。

『三時ごろイエス大声に叫びて「エリ、エリ、レマ、サバクタニ」と言い給う。わが神、わが神、なんぞ我を見棄て給いしとの意《こころ》なり。そこに立つ者のうち或る人々これを聞きて「彼はエリヤを呼ぶなり」と言う。直ちにその中の一人はしりゆきて海綿《うみわた》をとり、酸《す》き葡萄酒を含ませ、葦につけてイエスに飲ましむ。その他の者ども言う「まて、エリヤ来りて彼を救うや否や、我ら之を見ん」イエス再び大声に呼《よば》わりて息絶えたまう』と。

このエリヤを求めるイエス・キリストが、「神の子」ならば、当然神を求められるのであって、それは人の子が人の親を求めるのと同じではないか。その求神や求道には〝限りがない〟のである。しかも伝道にも限りがない。もう「やめた」などという愚かな人が「神の子・人間」であるはずがないからである。

生と死と

教えるとか、伝えるということほど、学ぶことの大きいものはない。又、そうでなければ本当のことは伝わらず、大学の先生方も、そのようにして「教えつつ学ぶ」のである。北海道の帯広市西十九条南四丁目に住んでおられる井崎涼子《りょう》さん（昭和二十三年八月生まれ）は、平成十年九月二十七日の総本山団体参拝練成会*で、次のような体験を話して下さった。涼子さんはご両親が生長の家を信仰しておられたので、生れた時から生長の家の信仰の中で育てられた。

こういった人々は、自分ではそうと気付いていなくても、散々苦労して、やっと入信の動機をつかむ人々（私もその一人だが）と較べると、この世に生れ出る前世において、何らかの善業を積み、信仰的であったということができるだろう。そこで涼子さんは五十年間ずっと「生長の家に浸《ひた》って来た」ということだ。幼いころは生長の家の子供会に入っていたし、高校生のころは〝生高連〟（生長の家高校生連盟）で活動し、さらに青年会でも活躍した。

こうして特別困ったこともなく昭和四十七年に久朝《ひさとも》さんという今のご主人と結婚し、その後四人の子供（長男・長女・次男・三男）をもうけた。すると昭和五十五年十月のある日の朝、秋雨がしとしと降っていたとき、涼子さんは娘さんと共にご主人の出勤を見送った。それが久朝さんとの〝今生の別れ〟となったのである。

ご主人の車に、四トン・トラックが一時停止をせずに衝突したのだ。このトラックは運送会社のもので、ご主人の会社とも取引があった会社で、久朝さんは即死であった。人はみなこの世の一生を終り、しばらくは霊界の〝控え室〟に当たる中陰《ちゅういん》（中有《ちゅうう》ともいう）にいって、次の世（次生）に生れ変るのを待機するのだが、この人々を「求生《ぐしょう》」と呼ぶことがある。生れることを求めているからだ。それは全ての人生が「学校」のように学ぶ場所であり、それを求めるから仏教では求生と呼ぶ。そしてこのような即死は、高級霊にもありうることだ。それは急速な肉体からの離脱は、多くの業因を脱落するから、ちょうど大急ぎで家を出る時には、ほとんど何ものも持たず（執着を放して）去るのと似ている。だから魂の進化には役立つのである。

しかしあとに残された家族は、一時途方にくれるかも知れない。このような時にでも、過失の相手を恨まず、憎まず、その幸福であることを祈り願ってあげるくらいであると、その後の家族一同の魂もまた急速に進歩し、全てのことが一層順潮に流れ、幸福な生活をさらに続けることができるものである。又、このような体験を経ることによって、その学んだことを他に伝え、多くの人々がこの世の怨みや憎しみを〝捨て去る道〟を教えることができるし、又そのようにして自らの体験を生かすのである。

観世音菩薩

丁度《ちょうど》その時、井崎さんの子供たちは、長男が小学校二年生、長女が小学校一年生、次男が四歳、三男が一歳七ヵ月であった。涼子さんは「大変ですね」という周囲の人々の言葉にはげまされ、

「一生、この子たちを、自分の手で育てます」

と宣言して、明るく生きた。しかし一時は「こんなに生長の家をやって来たのに、どうしてこうなったのだろう」と思い、暗い気持になったこともあったという。するとその心がすぐ子供に現れて来る。今まで明るく、のびのびと育っていたのに、何となく暗くなった。末の子を抱っこしていて、涼子さんが涙ぐんだこともある。するとその子が母親の涙をやさしく拭《ふ》いてくれるのだ。

「あ、こんな気持でいてはいけない！」
と反省した。そのような時は、子供が母親に教えてくれる。〝教える〟とは、上から下にするものとは決まってはいない。小さい子が大人に教えてくれることもよくある。そうしながら、子供もまた大人から多くのことを教えられる。相手の心を映し出すことが、教えることにもなるのであり、「観世音菩薩」の教えとはそうしたものだ。それ故全ての人や物が、「観世音菩薩」であると言えるのである。

そのような経験を経て、涼子さんは外に出て行って世の中のためにお役に立とうと決心した。それが夫の願いでもあると思ったからである。そこでまず四人の子供のＰＴＡの役員を一つずつやり始めた。すると四人分の先生や父母のお世話を受け持つことになった。しかもその奉仕的な仕事が、彼女の魂の栄養となり、〝財産〟となったのである。

その背後には、生長の家の教えがあった。どんなことがあっても、神様に護られている、自分の力ではない、夫も生きておられて、私たちを守っていて下さる――と思うことができたからだ。子供を育てているのも、私独りで育てているのではないということが分った。地域の人々にも守られ、育てられている。まして涼子さんの両親も、近くにいて見守っていて下さるし、実父なども、「自分が子供の父親としてやって行くんだ」と思って、かえって若返って下さったほどであった。

こうして現在ではこの四人の子供さんたちも、夫々《それぞれ》家庭を持ち、孫も生れた。その過程では色々のこともあったが、たいてい一晩で解決した。あとは、

「神様に全托《ぜんたく》するしかない」

と思って、それを実行した。すると全ての問題がひとりでに解決して行ったのである。

「どうぞ、なるように成らせて下さい。おあずけ致します」

と神に全托すると、色々のことが不思議に整ってくるのであった。長男さんは大学生の時に子供ができて、結婚した。そして子供を育てながら留年することもなく卒業し、さらに就職し、二人の子供を育てている。長女さんも結婚して、平成十年一月に子供が生れた。

涼子さん自身も平成六年十二月に白鳩会連合会*の副会長になり、平成七年の六月に副会長兼事務局長となり、教化部*職員となった。こうしてとても忙しく伝道の仕事に挺身していると、三男さんの卒業や進学と重なっても、全てうまく行った。長女さんが出産

する時も、丁度教化部の休みの日の前日に陣痛が起ったので、出産の時はゆっくりと世話をしてあげられたということだ。

神に全托する

退院してからも、家に帰ると婿さんが育児にせいを出し、布のおむつを買って来て、洗濯してくれるし、沐浴させてくれた。結婚する前にも、彼は時々涼子さんの家に来て、掛かっている「日訓《にっくん》」(ひかりの言葉*)を見て、一つ一つ聞くのだ。

「これは、どういう意味ですか」

「神の子とは、どういうことなの?」

「この本は、どこにあるんですか」

そこで涼子さんは一所懸命で説明をすると、彼と娘さんとはニコニコしながら聞いていてくれたので、少しずつでも生長の家の中味を伝えることができた。出産の時も、彼は分娩に立ち合ってくれた。そして大いに感動した。無事子供が生れると、涙を流して喜び、次の日に彼の実母に、

「僕を生んでくれて、本当に有難う」

とお礼を言ったそうだ。妻の出産が、それを身近に見た夫に、母親の愛の心を教えてくれたのである。一人の子供が生れることによって、その子は、父にも母にも、さらに祖父母にも、色々なことを教えてくれるものだ。又大人たちがその子に、そして孫に色々なことを教えてくれ、そして子も親も教えられて学ぶのである。

このようにして人生は教えられ、学び続けそして伝えるのである。何を学び、何を伝えるか、それが最も肝要であって、迷妄や欲望第一を伝えたり、それを〝個性〟だと思い込んだり、伝えたりしてはならない。欲望は肉体保全のための一種の道具である。それを神のみ心のままに善用することが大切で、神を否定し、欲望に第一の位を与えてはならない。その点をキリスト・イエスは、

『富める者の神の国に入るは如何に難いかな。富める者の神の国に入るよりは、駱駝《らくだ》の針の穴をとおるは反《かえ》って易《やす》し』(ルカ伝第一八章二四―二五)

と教えられたり、

『まず神の国と神の義とを求めよ、然《さ》らば凡《すべ》てこれらの物は汝《なんじ》らに加えらるべし』(マタイ伝第六章三三)

と教えられたのであった。

*『大調和の神示』＝生長の家創始者・谷口雅春大聖師が昭和六年に霊感を得て書かれた言葉で、この神示の全文は『甘露の法雨』『生命の實相』（第1巻）『新編 聖光録』『御守護 神示集』（いずれも日本教文社刊）等に収録されている。

*実相＝神が創られたままの完全円満なすがた。

*神想観＝生長の家独特の座禅的瞑想法。詳しくは、谷口清超著『神想観はすばらしい』参照。（日本教文社刊）

*総本山団体参拝練成会＝各教区ごとに長崎県西彼杵郡西彼町喰場郷一五六七にある生長の家総本山に団体で参拝し受ける練成会。練成会とは合宿して生長の家の教えを学び、実践する集い。

*白鳩会＝生長の家の女性のための組織。全国津々浦々で集会が持たれている。

*教化部＝生長の家の地方に於ける布教、伝道の拠点。

*ひかりの言葉＝生長の家の短い真理の言葉が書かれた日めくり式の箴言集。毎年、新しい内容のものが発行されている。谷口清超監修。（日本教文社刊）

赦すことの大切さ

主人公の心

この人生では色々の事件が起る。しかしそれは決して偶然に起るのではなく、それ相当の原因があって起る結果である。そうでなければ、人は安心して生活をすることが出来ないだろう。どんな家庭に生まれて来るか、男に生まれるか、女に生まれるか、それも全て偶然ということになるならば、誰かから迫害されたり、ののしられたり、差別されたりするのも偶然だし、大学の入学も落第も、就職や結婚も、みな偶然だと見なされる。するとこの人生では、まるで風に吹かれた木の葉のように、池に舞い落ちたり、泥沼に落ちたり、拾われたり捨てられたりして当り前ということになるだろう。しかし本当は幾つかの原因が組み合わさって、ある結果が出てくるのだ。この原因群の中の補助的なものを〝助因〟（補助原因）と言い、縁とも呼び、「因《いん》・縁《えん》・果《か》の法則」と言うのである。

しかも人が人生の〝主人公〟であるためには、人の「心」が因であり、その心が色々の縁にふれて果を生ずるという法則がなくてはならない。その縁の中には物質的なものも含まれて来るし、前世からの業《ごう》（行為の集積）も関与してくるのだ。けれども主人公が人間の「心」である以上、必ずその問題は心の変化によって解決できるのであり、その意味において人生の主人公は「心」だということが出来るのである。

さて平成十年五月十五日の『産経新聞』の投書欄に、埼玉県朝霞《あさか》市に住む田中利夫さんの、次のような一文があった。

『わが家の前は小学校の通学路。一年中、半ズボンにTシャツの子がいるかと思えば、新学期を迎えて汗ばむような日でもダウンジャケットに長ズボンの子がいたりもする。共通しているのは、どの子も世にいうブランド品を身につけていることです。

先日のこと、わが家の玄関口にランドセルを投げ出し、小学三、四年の男の子数人が何やらひそひそ話をしていた。聞き耳を立てたが、笑い声が聞こえるだけで、詳しい内容は分からなかった。

そのうち、別の数人のグループが通りかかると、中にいた一人に「おい、トッカヒン！」と呼びかけた。呼ばれた子はふくれっ面で走り去ったが、男の子たちは大声で「あいつの着てるもの、スーパーのトッカヒンばかりだぜ」と笑いながら後を追った。「安物、待てーっ」とも言っていた。

どうやら子供同士でなく、一部の母親が話し合っていることを子供たちが聞きつけたらしい。

有名ブランドが何だ！

負けるな特価品くん！

（自由業）』

赦すことの大仕事

トッカヒンとののしられた子供は大変気の毒だ。私も家内も、よく特価品を使っている。それは決して悪いものでもなく、多少流行おくれでも、良い製品はいくらでもある。そもそも流行などというものは、売る側が勝手にこしらえたり、はやらせたりするのであって、使う人間の人格や価値には関係がない。ブランド商品がよいとも限らない。これらは時に見栄《みえ》であったり、追随《ついずい》心の塊《かたまり》だったりするだけである。それを子供達が（誰かに教えられて）問題にし、その偏見でもっていじめをやるというのはとんでもないことだ。そんな迫害を受けてへこたれてはならない。そしてそのような無知と迷《めい》妄《もう》に腹を立てて、ムクレたり、恨んだりしないだけの心の訓練をしておく必要がある。

それには、人間は「神の子」であり、本来皆すばらしい主人公であり、肉体やその上の衣服や外見は、単なる道具であり、付属品であるということを、幼いころからよく教えておく必要がある。その上で、この無知なる人々をも〝赦《ゆる》す心〟を訓練することだ。赦しは中々《なかなか》難しいかもしれないが、作家の曽野綾子さんが平成十年四月十九日の『毎日新聞』に寄せられた論文で、こんな文章を書いておられた。その一部を引用すると、

『（前略）私が若い時に許しに関して決定的なショックを受けたのは、1936年のスペイン内戦によって夫を殺された妻の話を聞いた時である。彼女は悲しみの中で、残された子供たちに言った。

「私たちはお父さまを殺した人を許すことを、生涯の仕事にしなければならないのよ」

そのたくさんの子供たちのうちの一人が、その後カトリックの神父になって日本に来た。

私の知人の女性は、20歳になった医学生の一人息子を、彼の親友が運転する車の事故

で失った。知らせを受けて、事故現場に近い警察まで駆けつけた時、警察は初め遺体に会わせるのも、運転をしていた青年の親に会わせるのもためらったという。遺体の損傷がひどかったのと、もしかすると憎しみの対象になりかねない立場の人と接触させることを恐れたのだろう。

しかし彼女自身も医師であった。そして彼女は——その途中にどれほどの心理の困難を乗り越えたか他人の私は憶測することさえ非礼に当たるような気がするのだが——その時事故死したすべての青年たちの親は、加害者・被害者の立場を超えて同じ悲しみを味わった人として受け止めていた。私はこの女医には将来遠く貧しい僻地《へきち》で、死を覚悟して医師として働いてください、と言ってある。（後略）』

そしてこの後の文章の冒頭に、

『許しは、大きな人生の仕事である』

と記されていた。たしかに許し（赦し）は人生最大の大事であり、善業の最《さい》たるものであると言えよう。

誰のせいだろうか

平成十年五月の練成会で、*Rさんという二十一歳の娘さんが、次のような話をして下さったことがあった。本人の希望によって匿名《とくめい》匿住所にしておくが、彼女は十六歳の時、家庭が嫌でたまらなくなり、家を飛び出した。そうしてその時知り合った男性（A）と、ただ家に帰りたくないというだけの理由で、出会った日から一緒に暮らしはじめたのだ。どうしてRさんがそんなに家を嫌ったのかというと、昔から父が身体が弱く、病院を出たり入ったりし続けていた。ところがそんな身体でいながら、毎日お酒ばかり飲んで、又病院に入るといった繰り返しだったからだ。母も娘も、みな父の身体を心配して、

「お父さん、お酒をやめて！」

と何回も頼んだが、父はその言葉をちっとも聞いてくれず、毎日酒びたりで、さらに入退院を繰り返すばかりだった。そんな生活を送っているうちに、何故父はこんなに頼んでも聞いてくれないんだろう、と不思議に思い始め、

「お父さんは、私達のことなんか、どうでもいいんだ。私達を愛していないから、こんなに頼んでも、こんなに毎日辛《つら》い思いをしていても、平気なんだ」

と思うようになってしまった。そこでこんなに家の中が面白くないのも、家族がこん

なにバラバラになったのも、皆お父さんのせいだ、と心の中で父を審《さば》き憎みはじめたのであった。これだけを聞いていると、彼女の家出とその後の悲劇的事件は、「父のせいだ」ということになるだろうが、しかし世の中にはそんなに父が酒びたりの生活にもかかわらず、家出をせず、何とかして父や母の和解し合った生活を送りたいと努力している人々もいるのである。

だからやはり彼女の家出は、そのころの彼女の心に主な原因があり、その助因として父の病気や酒や、その他もろもろの出来事があったと想像される。そしてRさんは「こんな家を早く出たい。こんな親に頼らずに、家を出て、独りで生きて行くんだ」と考えるようになった。

こうして彼女は好きでもない男性（A）と一緒に暮らし始め、二年ほど同棲《どうせい》したが、彼が暴力をふるい、毎日バクチばかりを打っている生活に耐えられず、二年たった時遂《つい》にRさんは彼の所から逃げ出した。けれども行くあてがない。仕方なく一たん父母の家に帰ったが、帰って見ると事態は一層悪化して、父の酒量は前よりだいぶ増えていた。毎日、朝から晩まで酒を飲んでいる父の姿を見ていると、Rさんは又々腹が立ってたまらなくなった。父と会っても、無視したり、罵《ののし》ったりしたのだ。

暴力の世界

この世の中は、すべて自分の心が作り出す芝居や映画の筋のようなものだ。決して神様が作った世界ではなく、偶然のせいでも、固定した運命でもない。すべての筋書きは自分の心で作るのだから、いくら〝嫌な人〟がいるからといって、そこから逃げ出して行っても、その嫌な人は別の嫌な人に変わって現れてくるのである。それは丁度自分の姿が映っている鏡の前から逃げ出しても、別の鏡には又自分の同じ姿が映って来るようなものである。

Rさんが家に帰ってからは、母とも顔を合わせづらく、家にいても面白くない。親の顔は見たくないと思い、毎日夜半までフラフラと外で遊び回った。するとそのうちAに、家に帰ったことがバレてしまった。そこで彼は彼女をつけ回し、その後仕方なくダラダラと二年間彼とつき合っていた。しかしRさんはもともと彼が嫌いだったから、平成八年の秋には何とか別れて、別の男性（B）と付き合い始めたのである。

すると別れたAがそのことを知って、さらに事態が悪化した。AはRさんにしつこく付きまとう。彼女を困らせるためか、Rさんの仕事場までやって来たり、Rさんの友人

に、「相手の男は誰だか知らないか」と電話で聞いたり、どなり込んで行ったりした。Rさんにも A は、

「相手の男を殺してやる。どこの誰か教えろ」

といい、包丁を持って追いかけ回した。A は彼女を自分の所につれ戻したい一心だった。こうして彼女は再び彼につかまってアパートに連れ込まれ、毎日彼女を「許せない」といって、殴《なぐ》ったり、蹴《け》ったり、包丁をもっておどしたりした。さらに風呂の中に沈められて、今にも窒息《ちっそく》しそうになったこともあった。Rさんは、こんな状態だと、いつかきっと殺されると思い、何とかして逃げようと思う。すると彼はこう言うのだ。

「もしお前が逃げたりすると、お前の家族を殺してやる!」

その顔付きは普通の人の状態ではなかったそうだ。Rさんは恐くてたまらなかった。逃げると家族が何をされるか分からないと思うと、逃げるに逃げられず、悩み苦しんだ。そんなある日、Rさんはこっそり知り合いの人に電話して相談したのである。すると、

「独りで考えていても仕方がないから、親に相談しなさい。親だったら絶対に助けてく

れるから……」

と忠告された。これはとてもよい忠告だ。結局親以外には、切羽《せっぱ》詰ったギリギリの時、助けてくれる人はいないとも言える。がRさんは、その親を嫌って飛び出したので、こんな悲劇にまき込まれた。だから彼女はそれまで、どんな事があっても絶対親にだけは頼りたくないと思っていた。さらにこんな好き勝手なことばかりした自分を、今さら親が助けてくれるはずはないとも思い込んでいた。しかしAの暴力は次第にエスカレートしてくる。恐くて仕方がない。どうにも我慢できなくなり、遂にコッソリと家に逃げ帰って、父母に全部を話したのであった。

愛されている

すると父が、彼女の話を涙を流しながら聞いて下さった。そして、

「何でお前は、一人でそんなに我慢してたんだ。そんなに辛い思いをしてたんだったら、どうしてお父さんに、一番先に相談してくれなかったんだ」

と話してくれた。Rさんが、

「でも、家族が何をされるか分からないから、又彼の所にもどる……」

というと、父はさらにこう言った。

「相手の男が、包丁を持って来ようが、家で何をしようが、お父さんは刺されたって絶対にお前のことを護《まも》ってやるから、家にいなさい」

そう言って強い愛と意志を示し、彼女を引きとめてくれた。Rさんは、やっと気がついた。今まで自分は父に愛されていない、父は自分のことをどうでもいいと思っているんだと思い、父を憎み、反抗ばかりして来たが、本当は父は私をこんなにも愛していて下さったんだと、ハッキリ分かったのである。

でRさんは父が言う通り、しばらく家に隠れていたが、彼（A）からは毎日電話が掛かって来る。家の外でも見張っている。どうしても恐くてたまらない日が続いた。そんな時、生長の家を知っていた母から、宇治に練成道場*があるという話を聞き、Rさんは宇治の道場にやって来た。しかしその時は、講話も聞かずにすぐ家に帰ってしまった。するとその後再びAに出あったので、無理やりホテルに連れて行かれ、ロープで縛られ、ガムテープでグルグル巻きにされた。その上彼はこう言うのだ。

「俺はお前が生きている限り、幸せにはなれない。だから俺はお前を風呂に沈めて殺してやる」

そして実際に風呂に水を溜《た》め始めた。Rさんは、ああ、自分はここで殺される、そう思ったが、彼は徹夜で何日もRさんを探し回ったために、疲れ果てていた。Rさんは縛られて逃げられない。そう思って安心したらしくついウトウトと眠り始めた。そのすきに、Rさんは必死の思いで部屋をぬけ出し、家まで逃げ帰った。しかしそれからは、今度見つかると殺されると思うから、ちょっとの物音でも恐くてたまらなかった。

その時、彼女は宇治の道場を思い出した。そして「もう宇治しかない」と思って道場へ来て、練成を受けることにした。こうして浄心行《じょうしんぎょう》*をして、「お父さん、有り難うございます、お母さん、有り難うございます」と真剣に唱えていると、今まで自分が父母に、何というひどい事をして来たんだろうと、心の底から反省されてきた。彼女が家を出て行った間、父母はどんなにか心配して、彼女が家に帰ってくることを待っていて下さったのだと気が付いた。そんな父母のことを考えずに、親を心配させることばかりして来た自分は、本当に申し訳ないと思うと、涙がいくらでもこぼれ落ちて、止まらなかった。

こうしてRさんはその後あらためて父母に心から謝り、両親ともすっかり和解し合うことが出来たのである。すると父も今ではもうすっかり健康になり、毎日仕事にも行っておられるようになった。Rさんも宇治の道場で生活しているうちに、今まで憎くてたまらなかったAに対しても、少しずつ感謝することができるようになり、やがて、

「彼も幸せになってほしい」

と思う祈りをするようになっていった。つまりこうして赦しを行《ぎょう》じ、その気持が深まるにつれて、それまで宇治に来た最初の五ヵ月間はしきりに電話をして来ていたAからも、その後は何の消息もなくなったということを、この練成会でRさんは話して下さったのである。

＊練成会＝合宿して生長の家の教えを学び、実践する集い。
＊宇治の練成道場＝京都府宇治市宇治塔の川三二にある生長の家宇治別格本山。
＊浄心行＝心の中にある憎しみや悲しみなどを紙に書き、それを生長の家のお経を読誦する中で、焼却し、心を浄める宗教行事。

目標を達成するには

適当な人生学校

人はみな、この世に生まれて来る時、最も適した家庭や環境に生まれてくるものである。というのはこの人生が大きな「人生学校」であり、そこに「入学した」のと同じ意味があるからだ。現実の学校だと、自分で希望して、努力したような〝適当な学校〟に入学する。そしてそこで色々の学習をし、内在の力を掘り出そうとする。

それと同じように、この「人生学校」でも、人はみなどこか適当な家庭や環境に生まれて来て、その無限力を現し出そうとする。この場合の人の「魂」は、この世に生まれ出る前から実在するのであって、不死不滅のい ゙の ゙ち ゙である。これを「神の子」とか「仏」と称するのであり、従って「無限力」の持主なのだ。

しかしその無限力は、単に一回や二回の「人生学校」で表現できるものではない。無限の生れ変りや年数を経て、次第にすばらしい力を限りなく現して行き、その魂の程度に従って、一番適した「人生学校」に入学する。そしてこれらは「親和《しんわ》の法則」と呼ばれる法則によって、一番ふさわしい国や父母のもとに自働的に生まれ出るから、何の心配も取り越し苦労もいらないし、生まれてくる赤ちゃんも、〝不安な顔つきで生まれる〟ということもありえない。

さらに言うならば、生長の家の信仰をもつ父母の所に生まれて来る赤ちゃんはとても幸せである。何故なら「人間・神の子・無限力」というすばらしい話を、幼いころから聞いたり、知らされたりするからだ。家庭の中で父母や兄弟姉妹の話すコトバや雰囲気も、赤ちゃんに伝わってくるから、いつとはなしに「神の子・人間」が理解される。そしてあらゆる教育の中で、幼いころから開始された教育や訓練くらいその人の運命に強い影響を与えるものはないからである。そんな理由から、芸術家の家庭の子は芸術家になりやすいし、政治家の家庭の子は政治の道を進みやすい。実業家は又実業につきやすいのであって、別に「二世、三世はダメだ」などという理由は何一つないから、安心して自分の最も適した道へと、明るい希望をもって進んで行くとよいのである。

調和と感謝

例えば平成十二年七月九日に、飛田給の本部練成道場*で行われた「特別練成会」*で、当時横須賀市佐野町二に住んでおられた松村和男さん（昭和四十一年十二月生まれ）が、こんな体験を発表して下さったことがあった。

和男さんが「生長の家」を知ったのは小学校の一年生のころだ。祖母と母とが「生長の家」を信仰しておられたからである。そこで和男さんは夏休みごとに練成会に参加し「生長の家」のお話を聞いた。やがて大学二年のころ、祖母が昇天されたが、亡くなられる前和男さんに、

「私は何も残せないけれど、何か困ったことがあったら生長の家に行きなさい」

と遺言された。さて大学を卒業すると、彼は飛行機のパイロットになろうと思い、大型機の操縦士の免許を取得するため、函館に行き、そこで非常に厳しい訓練をうけることになった。その上、集まって来た訓練生は、皆優秀な青年たちばかりであった。

このようにして現実の世界では、俗に「類を以て集まる」という「親和の法則」が実現して行くのだ。学校でもそうだが、会社でも訓練所でも、やはり同じような傾向を

持った人たちが集まって来て、お互いに〝切磋琢磨《せっさたくま》〟する。

さてこうして数ヵ月経《た》ったころ、松村さんは社内でのフライト・チェックには落ちてしまった。その時運行部長から、

「もうパイロットへの道は、あきらめたらいいんじゃないか」

と言われてしまった。その件を和男さんは母に相談した。すると彼女は、

「生長の家の教化部に行ってごらんなさい」

と助言してくれた。そこで彼は函館の教化部に行き、当時函館教区の教化部長*を務めておられた佐藤悌司本部講師*に相談した。すると佐藤部長はこう言われた。

「今の君に必要なのは、技術や知識を磨くことではない。感謝する心と、調和する心を持ってごらん。そうしたら神様のすばらしい世界が現れて来るから……」

この感謝と調和する心とは、生長の家で特に強く教えられている点であり、『大調和の神示』には、次のように書かれている。

『汝《なんじ》ら天地一切のものと和解せよ。天地一切のものとの和解が成立するとき、天地一切のものは汝の味方である。天地一切のものが汝の味方となるとき、天地の万物何物も汝を害することは出来ぬ。汝が何物かに傷《きずつ》けられたり、黴菌《ばいきん》や悪霊に冒《おか》されたりするのは

汝が天地一切のものと和解していない証拠であるから省《かえり》みて和解せよ。われ嘗《かつ》て神の祭壇の前に供え物を献《ささ》ぐるとき先《ま》ず汝の兄弟と和《わ》せよと教えたのはこの意味である。汝らの兄弟のうち最も大なる者は汝らの父母《ちちはは》である。神に感謝しても父母に感謝し得ない者は神の心にかなわぬ。(後略)』

視野に異状

ところでこの神示の中に「われ嘗て神の祭壇の前に供え物を……」と記されているのは、イエス・キリストのお言葉に合致している点である。即《すなわ》ちマタイ伝第五章(二二―二四節)に曰《いわ》く、

『然《さ》れど我は汝らに告ぐ、すべて兄弟を怒る者は、審判《さばき》にあうべし……この故に汝もし供物を祭壇にささぐる時、そこにて兄弟に怨《うら》まるる事あるを思い出さば、供物を祭壇のまえに遺《のこ》しおき、先ず往《ゆ》きて、その兄弟と和睦し、然《しか》るのちに来りて、供物をささげよ(後略)』

しかも「兄弟」とは、単に父母の「子供たち」(兄弟姉妹)だけではなく、その最も大いなる者は父母であると「神示」にあるのは、これも大切な点である。父母あっての兄

弟姉妹であり、男女の性別や年齢を超えている根本概念だからである。

人はすべてこの世に父母を通して生まれてくる。そこで父母は「この世を代表する人」となる。その代表者と争ったり、それを憎んだり怨んだりすることは、「この世」そのものを怨み憎むことになるから、その返報として憎みや怨みがハネ返って来る。あたかもボールを壁にぶつけると、その同じ力でハネ返されてくるように、こちらの心や行動が、〝世の中〟からハネ返されるのがこの「法則」である。

松村さんはこの「大調和」の教えを聞いて、すぐ実行する決心をした。反感や忘恩の思いを捨て去ったのだ。するとその二ヵ月後に、再訓練を受け、その結果社内のフライト・チェックに合格した。さらに最終の目標であった運輸省の国家試験にも合格することができたのである。

それまで和男さんは、生長の家のことを充分学んだつもりでいたが、〝充分〟ということはいつになってもあり得ない。だが実家に帰ってからの彼は、いつしか生長の家の生活からはほど遠い日々を送るようになってしまった。こうして平成十一年の八月のこと、奥さんの麻衣子さんの視野に異状があるというので、病院の眼科で診察を受けた。するとその時の診断で、眼には異状がないが、脳外科に行って検査をうけるようにと指示された。そこで脳外科に行くと、ＭＲＩの検査の結果、脳腫瘍のうたがいがあると診断された。ＭＲＩというのは magnetic resonance imaging の頭文字を取った言葉で、電磁波エネルギーを当てると細胞の原子核が共鳴現象を起すことを利用した〝断層撮影法〟であり、〝磁気共鳴映像法〟ともいう。

その時診察してくれた医師は、もっと詳しい検査をして、治療方針をきめようというのであった。この診断も正確を期す意味で正当であるが、松村さん夫妻はとても不安で、目の前が真っ暗になるほどのショックを受け、どうしたらよいか分からなくなってしまったのである。

家に帰ってからも、何を見ても、何をしても涙があふれてくる。もうどうしようもないと思い、和男さんは函館の教化部に電話し、かつて指導された佐藤教化部長に相談した。すると佐藤部長は、

「神癒《しんゆ》祈願＊を出して、すぐ飛田給の練成道場へ行きなさい」

と教えて下さった。そこで松村さん夫妻は、すぐ言われた通り道場に行った。

発熱など

本部練成道場（飛田給）につくと、麻衣子さんはすぐさま、

「身体が熱い。熱がある……」

といい出した。和男さんはそれを聞いて、ああ、もうダメなんだなと思ったが、これは少々思いすごしだ。発熱は全て人間の身体に備わっている免疫反応で、「治そうとする自然治癒力」の強力な働きの一つである。勿論《もちろん》危険を知らせる「警報」でもあるから、いつでもそのまま放っておけばよいというものでもない。発熱時前後の様子や本人の心的状態から、緊急を要する場合もあるが、この場合は「もうダメだ」という状態ではなく、ＭＲＩによって発熱したというのでもない。練成道場にいても、「危険な状態だ」と判断したら、本部講師の先生方は病院の治療にまかせることもあり、神癒祈願の方はいつでも熱心にやって下さるから、心配はいらないのである。

「天地一切のものに和解し、感謝する」

という教えであるから、〝一切のもの〟の中には医師や看護婦さんも入っている。それを除外せよとか、入院するななどという教えではなく、正しい信仰による心の安静と感

謝の心とが大切であり重要なのである。

しかし和男さんはこの時、道場で間もなく徳久講師のお話があると聞いたので、奥さんに「講話を聞きに行こう」と勧めた。そして二人で講堂に入ると、徳久本部講師は長年医師として活動した人であったから、病気についてはよく御存知だ。専門は産婦人科で医学博士だが、脳でも眼科でもそんなことはどうでもいい。講話の中では、病気は心で作る現象だから、心が変わると病気の方も変わってくる。いくら不治の病だといわれても、同じく変わってくるのだなどと話して下さった。

その話を聞いていると、和男さんは大いに感動した。すると今まで食事ものどを通らない思いだったが、その講話の後では、食事がおいしく食べられた。さらに次に阪田本部講師のお話があったが、同講師は以前長崎南部教区の教化部長でもあったから、原爆に被爆した人の体験談を話して下さった。

この人（仮にAさんという）は若いころ被爆し、それから以後はずっと白血球の検査を続けていた。ある時、白血球の値がひどく異状となり、医師からこのままでは危険だと言われた。そこでAさんは阪田講師に電話してきたので阪田氏は、

「あなた、白血球で生きてるの？　あなたは神の子で、神様に生かされているのじゃな

かったのかい？」

と返事した。するとAさんは、

「あ、忘れていました。私は神の子で、神様に生かされているんでした！」

といって、電話を切ったという。このAさんは、今でも元気で畑に出て仕事をしておられる――というような話であった。

このように、人間は「神の子」であり、本来生《しょう》・老・病・死のない生き通しのいのちを頂いている完全円満な「神の子」だと自覚することはとても大切であり、人体に備わっている自然治癒力が増進するもととなるのである。このAさんは現在八十歳を過ぎていて、その畑で穫れたメロンを、毎年阪田講師に送って下さっている……というような話だった。

この話を聞いた瞬間、和男さんは涙が出るのを抑《おさ》え切れなかった。その夜奥さんも和男さんに、

「生長の家のみ教えって、すばらしいね。もう病気はないわね」

と言って、喜んでいたということであった。

目的地点への途筋

このようにたとえ夫の病気でなくても、夫の心の変化は妻にも伝わるし、夫婦で練成会に行ったような場合は、特によく感応し合い、お互いに補足し合って大安心にも達しやすい。

さらに和男さんは阪田講師から個人指導を受けた。すると奥さんが左目や左半身の故障を患《わずら》ったというのは、左が男性を象徴しているのだよと教えられた。すると直ちに和男さんが思い浮んだのは、彼はパイロットのライセンスを全て取得したが、航空会社の三次試験、四次試験でいつも不合格になっていたということだ。

「どうして自分だけ、試験に落ちるのだろう……」

と考えて、くさっていた。自分だけが苦しんでいたのかと思ったが、妻も同じように苦しんでいた……それを阪田講師に話したところ、

「じゃ、あなたの心が変われば、きっと病気の方もよくなるよ」

と教えられた。さらに「祈り合いの神想観」*の時、麻衣子さんが祈ってもらっていると、彼女の左目が痙攣《けいれん》し、左目から涙が流れた。麻衣子さんは「これで悪いものはみな

流れ去った」と確信したという話だった。

そして二人は飛田給の道場から、当日の検査のために東京慈恵会医科大学附属病院に行った。CT検査や血液検査、ホルモン検査、MRIの検査の結果、担当医は、「おかしいんだけれど、何も映っていないんだよね。何も異状がない」と断定された。さらに和男さんが、今後はどうしたらよいですかと聞いたところ、「もううちの脳外科に来る必要はないんだよね。だからもう釈放だ」と言われたのである。さらに和男さんは、当時予備校での講師をし、そこで「生きることのすばらしさ」や、自分の心が変わると、内在の神の心が現れてくる――というようなことをアドヴァイスしていた。そして「来週も航空会社の試験を受けに行く」と話しておられたのである。

松村さんは以上のような体験を平成十二年七月九日に話して下さったが、その後この発表をした時受験する予定だった航空会社の試験には落ちたそうだ。しかしその翌々日にすぐ旭伸《きよくしん》航空会社の入社試験の面接を受け、この会社（新潟県にある）のパイロットに採用されたということであった。

このように人は本来「無限力」を持つから、何回失敗したようでも、心の中に描いた正しい目標は、遂《つい》に達成するものである。その過程では、色々の困難や行き詰りがあるように見えるかもしれない。そんなことに心を引っかからせることなく、次々に新しいコースを見出して、目的地点に到達することが、全ての人にとって、大切な心構えだということができるのである。

＊飛田給の本部練成道場＝東京都調布市飛田給二―三―一にある生長の家本部練成道場。
＊特別練成会＝生長の家総裁・谷口清超先生ご指導の練成会。
＊教化部長＝生長の家の各地方の教区の責任者。
＊本部講師＝生長の家総裁により任命され、本部直轄の下に生長の家の教えを布教する講師。
＊神癒祈願＝神の癒しによって、問題が解決するように祈ってもらうこと。生長の家本部、総本山、宇治別格本山、本部練成道場などで受け付けている。
＊祈り合いの神想観＝祈る側と祈られる側とに分かれて行われる神想観。

「教えられること」ばかり

人よ物よ、ありがとう

この世の中には、役に立つことが一杯ある。それは多くの人や物から教えられるからである。ここで「物」というのは、物質という意味ばかりではない。「物」の漢字の〝牛〟という偏は〝牛〟の意味で、ここで牛は全ての生物の代表として使われた。従って「物」は動植物や鉱物の全てを含んでいるのである。

かつて「草」という題で『産経新聞』から原稿をたのまれた時、草のように踏みつけられても、黙って人々を支えてくれるその美しい姿、「雑草」などといって引っこぬかれても、小さな花を咲かせようと努力している姿に教えられると書いたことがあった。だから、人間は、子供からも大人からも教えられるし、「教えてくれる人」からも教えられるのである。そして内在する無限の「智恵と愛と力」とを表現する「喜びの人生」を送るものである。

それ故、世界中どこを旅しても、教えられることは沢山《たくさん》ある。平成十三年三月三日の『毎日新聞』には、兵庫県明石市に住んでおられる播磨屋友一さん（66）の、次のような投書がのせられていた。

『2月22日本欄「フランスのあいさつ習慣に感心」を拝読し、妻と訪ねたスペイン・バルセロナのハンバーガー店で知り合った、現地の若いカップルが懐かしく目に浮かんだ。

その店は込んでいて、20歳ぐらいのカップルが座る相席の2席だけ空いていた。私が男性に目礼して、「OK?」と尋《たず》ねると、男性が笑顔で立ち上がって妻が座る椅子を引き、「どうぞ」という仕草で妻に二言、三言話しかけた。

無論、スペイン語である。当然、分かるわけはないが、妻は「ありがとう」と日本語で答えた。男性が一瞬はにかみ、女性はほほ笑んだ。妻の気持ちが伝わったと思った。

それにしても若者の素早い身のこなしと、さわやかな態度、隣り合わせた奇遇がうれしかった。ハンバーガーを食べ、ポテトをほおばり、分からないのに母国語で言葉を交わしたつかの間の交流。そして別れには、覚えたてのスペイン語で「アディオース（さようなら）」と手を振った時は涙がこみ上げた。』

何かを教える

これは言葉が通じないようでも、心が通じ合い、深切なマナーは何よりも尊い「何か」を教えてくれるという実例である。その「何か」とは仏心であり神心である。それがこちらにもあり、あちらにも内在するから、通じ合うと言えるのだ。ところがその反対の例もある。平成十三年二月十一日の『産経新聞』には、兵庫県尼崎市の山本利秋さん（73）が、次のような投書を寄せておられた。

『電車に乗って感じることとは乗客のマナーの悪いことだ。車内アナウンスで注意しているのに平気で携帯電話で長話をする。込んでいるのに座席で脚を広げて二人分を占拠するなど、さまざまだ。

先日、阪急電車の車内でのできごと。中年女性がゲラゲラ笑いながら大声で携帯電話で長話をしているのに周囲の人は見て見ぬふり。電話を終えると次にたばこを取り出した。

隣に座っていたアベックの男性が「たばこは駄目《だめ》ですよ」と注意したが、知らん顔で火をつけてたばこを吸い出した。私は思わず前の席から大声で「皆さんも辛抱しているんだから車内でのたばこは駄目だ」と注意した。すると意外と素直に携帯灰皿を取り出して消してくれた。

怖いお兄さんならこのような勇気が出せたかと後で思ったが、やはりお互いのために注意すべきである。ホームに降りた際、見知らぬ中年女性二人からお礼を言われた。皆さんはほとんど知らん顔でやりすごしているのだなあ、と残念な思いであった。

（無職）』

この山本さんは「教える人」だったようだが、勇気を出して教えたので、教えられた人も、周囲の人も、人生において「何か」をプラスしたに違いない。この勇気にしても、誰にでも備わっている。しかしそれを出すのには練習がいる。だから小さい時から、「勇気を出して良いことをする」練習をするのがこの人生だ、とも言えるのだ。例えば子供が小さい時、道でつまずいて転んでも、すぐ手を貸して抱き上げるのではなく、「自分で起きる」力を出す練習をさせるとよい。コトバで、

「さあ、立ってごらん、いい子だから、力があるんだから……」

とか何とか言って力づける。又どんな時にでも、善い点を見つけると、ほめてあげるのだ。コトバには内在の力を引き出す偉大な力があることを、あらゆる機会にためしてみるのである。真理を伝えるときにも、勇気がいる。夫婦で力をつけ合い、励まし合うのにも、練習が必要だ。「美点を見つける」にも、コトバに出すのにも、練習と実行が大切である。

平成十三年の一月末にはインドの西部グジャラート州で大地震が発生した。フェルナンデス国防相は「死者十万人」と推定したそうだが、二月二日の『毎日新聞』は、こんな記事を掲載していた。

『【イスラマバード支局31日】インド大地震で大きな被害を受けた西部グジャラート州の町バチャウで31日、がれきの中から新婚6ヵ月の若夫婦がロシアの救助隊に約5日ぶりに相次いで救出された。2人はかなり衰弱しているが命に別条はないという。巨大なコンクリート塊の下敷きになりながら、互いに声を掛け合って励ましていたという。

救出されたのは、夫の商店員、バルジ・タッカーさん(26)と妻クンタルさん(22)。ロシアの救助隊員によると、ブルドーザーでがれきの撤去作業中、女性の叫び声が聞こえたため、コンクリート塊を切断するなどして、クンタルさんを救い出した。

救出されたクンタルさんが「夫も生存している」と話したため、隊員が近くを捜索。2時間後にバルジさんを無事に助け出した。バルジさんは左腕を痛めているが、住民らの問い掛けに「大丈夫だ」と話したという。

地震発生時、バルジさんはリビングルーム、クンタルさんは台所にいたという。建物の下敷きになった2人は互いの顔を見ることはできなかったが、互いに声を掛け合って生き延びた。救出作業を手伝ったバルジさんの兄アニルさん(34)は「これは奇跡だ。ロシアの救助隊と神に感謝したい」と話した。』

こんな災害の際にも、多くの美談や捨身の救助者が現れて、人々に生命の大切さと、その救助行為の感動を教えてくれるのである。目には見えなくても、コトバを掛け合うだけでも、人は勇気と力とを与えられるものだ。ところがとかく夫婦でありながら、いつも無言でいたり、お互いのアイサツすらしない人もいるが、これも小さい時からの訓練ができずにいたからであろう。

共産党員だった人

平成十三年二月十七日前後に、総本山の団体参拝練成会が行われ、十七日には佐々木春夫さん（昭和十三年十二月生まれ）が、次のような体験を話して下さった。佐々木さんは奈良市秋篠町《あきしのちょう》に住んでおられるが、もと日本共産党員だったということだ。

佐々木さんは平成十二年の二月、第二百二十二回の団体参拝練成会にも参加された。その最終日の「祈り合いの神想観」の時、瞑目合掌していると、目の奥に小さな黄色い光が現れ、それが次第に大きくなり、やがて全身がすっぽりと包まれるような気がして、涙が止めどなく流れたという。そのため聖経読誦《せいきょうとくじゅ》＊も充分にすることができないくらいだった。

そもそも彼が団参に参加したのは、奥さんの美知子さんから、〝九州行き〟をすすめられたからだった。春夫さんはまだ長崎に行ったことがなかったので、「長崎なら、行ってもいいな」と思い、いいかげんな気持でやって来た。しかし〝団体参拝〟というからには、非常に線香くさい所だろうと思い、四日、五日はかなりきついな、と思った。しかも酒がのめないとは……

それまでの彼は毎日三十五度の泡盛《あわもり》を、二合半から三合ぐらい飲んでいた。それが飲めないとなると困るなと思ったが、〝長崎〟という魅力に負けた。と共に奥さんが一人でこの団参に参加すると、その間に夫と長男とが、「また喧嘩をするのではないか」と心配

して、

「おとうちゃん、一緒に行かへん？」

とさそったからである。それまで春夫さんは長男の久史《ひさし》さんと、数年来スゴク不調和だった。というのは春夫さんは平成十年に二十五年間勤めた日本共産党をやめるまで、奥さんには大変苦労させて来たし、長男君も中学三年生の時からアルバイトをしながら定時制高校四年を数日しか休まずに通って来た。そんな状態で、彼は家計も子供の教育や学費もほっぽらかして来たし、次男の学費も奥さんと長男君とが調達してきたからであった。

高血圧と潰瘍

そんな家庭生活の中で、彼は共産党の情報宣伝教育の仕事に力をこめて来た。しかし彼が日本共産党に入ったのは、「国を愛するあまり」だと思っていたのである。そういう共産党員も多いかも知れないが、しかし唯物弁証法を信奉し、神仏を否定し、天皇陛下を排除して、陛下のご出席なさる「国会開会式」には全員参加しないという公党に加入しているのは、正しい愛国心のあり方とは言えないだろう。

従って今まででも、共産党から転向して生長の家の信仰を持たれ、幹部活動をした先人達も、中林理事長や山口理事など多数おられたのである。（いずれも故人になられた。）何故なら、物が主人公ではなく、永遠不滅な神の子のいのちが主人公だ、と判《わか》ってくるから、〝愛国心〟もまた正常化するのである。

さて佐々木さんは、この時の団体参拝練成会から帰宅して後四日目のことだ。それまで一ヵ月に二回検診を受けに病院に通っていた。過去四年間通常の血圧は下が百二十以下ということはなかったし、最高血圧は二百二十にも昇っていた。さらに胃潰瘍と十二指腸潰瘍にもかかり、「旅行から帰ったら、もう一度胃カメラを飲みましょう」と言われている状態だった。しかし団参中は病院でもらった薬も飲まずにいた。そして帰宅後検診に行くと、ドクターがしきりに首をかしげている。薬を飲まなかったし、酒も飲んでいないが、又何かおかしいことを言われるのじゃないかと思っていると、下の血圧は九十二であるという。ほとんどまあ正常値だ。上は百二十四で、これはまさに正常である。ドクターは、

「あんた何か、ほかの薬をのんだ？」

ときく。

「いや、実は先生から頂戴した薬も飲んでおりません」
というと、胃カメラの検査によっても、潰瘍が消えているというのであった。これを聞いて帰った時佐々木さんは、「さあ、酒がのめるぞ!」と思って、酒を注いだけれど、それが飲めなくなっていたのである。この状態が今も続いているというのであった。

目的と手段

単にそれだけではなかった。佐々木さんが団参から帰ってからは、吉川司津子講師から『生命の實相《じっそう》』*四十巻をあげるというてはる人がいるよ、あんたもらう?」といわれるので、有難く頂戴することにした。そしてこの本を読みだすと、まるで乾いた砂に水を撒くように、スーッと頭に入って来る。嬉しいことばかりが起って来て、きりがないのであった。

さらに今まで父を仇《かたき》と思っていたような長男さんが、クラッと変わった。久史さんは春夫さんという父親よりも、ずっと以前から生長の家を信仰していたので、宇治の練成会にも行ったことがある。ところが、彼はよく父ととっくみ合いの喧嘩をする。それは共産党の考え方と、唯神実相、人間・神の子の信仰とがカミ合わないからだ。その思想的背反の姿が、肉体にも出て来て、親子がとっ組み合いの喧嘩をやっていたのであった。

するとこ春夫さんは体重も身長も、とても長男には勝つみこみがない。にもかかわらず、とっ組み合いをやるから、未だに家の襖四枚ぐらいが骨が折れたまま〝記念品〟の如く残存するのである。だがこうして聖典を読み進んで行くうちに、春夫さんはいかに国を愛するとは言え、自分の選んだ道は、日本国の理念からは違いすぎているということに気がついた。

その違いで最も顕著な点はというと、マルクス主義的唯物論では、「目的が正しければ、それに到る手段はどうでもよい」といった理論があるから、手段として非合法的な革命戦争もやるし、条約違反や約束違反もやるのである。ウソやダマシも行うのだ。他国に対する内政干渉など大いにやることは、現在の中国共産党政府の日本の教科書に対する干渉政策の中にも明らかに現れている。

ところが生長の家では、目的と同時に、手段も正当であり、合法的であることをよしとする。何故かというと、手段は行動であり、行動はコトバであり、それが業《ごう》となって、人々の運命を決定づけて行くからである。人間は本来無限力であっても、その力は練習や努力や瞑想などの実行によって現れてくる。そうした行動が間違っておれば、いくら目的が「愛国」であろうが、「平和」であろうが、不幸な結果を招くのは当然だからだ。

全力投入

従ってわれわれは、どんな小さな善行でも、明るくたゆむことなく積み重ねて行くのである。しかし単なる唯物論では、そんな小さな善行ではダメで、大いなる闘争や、革命や、団交や、時にはハイジャックも、核爆発もよしということになる。しかも唯物論からすると、人間の生命は、肉体の死をもって終了する。しかし真の宗教は、人間の生命は永遠不滅であり、肉体は人間の魂（霊）の使う道具であるという。従って道具が壊れても、それを使う魂は、又別の道具を使ってさらに真実在を現すべく努力し訓練する。そこに人生の意義と悦びとを見出すのである。

こうして佐々木さんは次第に唯神実相の信仰に引きつけられて行った。つまり聖典のコトバが彼の行動を変化させ、魂を目覚めさせてくれた。すると彼の肉体状態が変化したばかりではなく、息子さんとの調和も、自然に実現してきたのである。

そこで平成十二年の六月から、佐々木さんは〝やまと練成会〟*という奈良教区での練成会の運営に参加するようになった。九月からは相愛会長*の代行をするようになった。いやおうなく生長の家の中に〝全身投入〟ということになり、「一日に一人は必ず人に喜ばれることをしよう」と決意し、今年（十三年）こそは相愛会の拠点作りを進めようと語っておられたのである。さらに十三年二月の団参には、長男の久史さん（三十一歳）も参加せられ、父春夫さんの語る以上のような体験発表を、正面の最前中央部で聞いておられた。こうして最後に春夫さんは、

「唯物、物質最優先の世界から、私を救い出して下さった家内と長男と、多くの先達に心から讃嘆と感謝の気持を申しのべたいと思います」

と語られた。このように人は、妻からも、息子からも、夫から、又時には赤ん坊からも教えられるのである。勿論、地方講師*や本部講師の方々から教えられることはいくらでもある。佐々木さんの例では、長男さんとの「喧嘩」が団参への参加のきっかけになったことを紹介したが、夫婦喧嘩の解決を求めに来たという例も沢山ある。

その一つとして、福岡県大野城市《おおのじょう》乙金台《おとがな》に住んでおられる吉田清美《きよみ》さん（昭和二十五年三月生まれ）は平成十三年二月十八日に〝ゆには特別練成会〟*で、次のような話をし

て下さった。彼女は三十五歳の時に生長の家に入信した。それまでも母につれられてお参りに行ったり、洗礼を受けたりしていた。がどこでも「自分の所に来ないと救われない」という神様ばかりだったので、「そんなケチな神様はいやだ」と思っていたという。これも立派な見識であり、教えられる所があるだろう。

　ところが生長の家は「万教帰一*」を説く。清美さんはこれだ！　と思って自分なりに信仰して来たが、どうしても「夫婦調和」ができなかったのだ。繁行さんというご主人は、平成四年に独立して会社マルセンという繊維の卸会社を始め、マジメであり温厚な人だった。お酒もタバコものまない。ところが口を開けば夫婦で口論となり、清美さんはあちこちの講話を聞いて夫婦調和を努力してきた。

　だから「夫婦調和」の話は耳にタコが出来るほど聞いた。「夫を拝め」とも言われた。ヨーシ、今日こそは……　と思うが、いつしか売り言葉に買い言葉で、この決心は水泡と帰するのであった。ところがある日木戸講師に相談すると、

「あなたは地方講師の試験を受けなさい！」

　と言われた。そこで清美さんは、素直に講師試験をうけて合格した。それまで彼女は「組織に入るのはいやだ」と思っていたが、それを反省し、白鳩会の支部を開き、やがて

支部長となり、輪読会も一所懸命に行った。

愛行と全相を観る

するとある時、彼女は三十年ほど前のことを思い出した。それは母がいつも「自分の家柄がどんなによかったか……」と話してくれたことだ。そして「世が世ならば、あなた方はお姫さん……」という言葉が出て来た。そのコトバがグッと心の中に入っていたので、知らぬ間に「気位の高い女」になっていて、農家出の夫を見下ろしていた自分に気がついた。その点を心からおわびして、浄心行をし、心を洗い浄めたのである。するといつの間にか夫との仲がすっかり変化し、夫は朝から冗談を言って笑わせてくれる優しい夫になり、平成十二年には夫の会社は株式会社・丸織になった。

これも菩薩行の実行が、彼女の心を浄化してくれたという実例で、愛行*と信仰の深化とは一つのものだということを教えてくれる話である。吉田さんの会社は業務用のエプロンやカーテン、ホテル関係に卸すシーツ類など、洋服以外は何でも扱っているということであった。

このように世の中には「教えてくれる人」は一杯いるし、それを伝えてくれる深切なマスコミもある。例えば平成十三年三月五日の『産経新聞』には〃斜断機〃という欄で、次のように記されていた。

『テレビ朝日系の番組「スクープ21」で自衛隊の戦力を検証していた（関東では二月二十五日放映）。一見、自衛隊に理解ある態度を示しているかのようだが、つまりはアジア最強の軍隊と断定し、「軍縮」を提案するという内容だ。極左の言う「自衛隊＝軍事大国化＝アジア侵略粉砕」と結局は同じ論理構造になってしまう。日本と中露の兵器を比較していたが、前提として核戦力は除かれていた。しかし中露とも核兵器を戦略の中心においているのだから、これでは話にならない。

昨今、日本の軍事専門家の間でも「核兵器は使えない兵器」という誤った認識が広がりつつある。これは米国発信なのだが、日本を核武装させないためのデマゴークと見た方がよい。本当に核が使えない兵器なら、米国が真っ先に全廃したら良さそうなものだ。

つまり戦略的認識がゼロなのだ。番組ではイージス艦の高性能を得々と説明していたが、この高価な船が何を守るのかの説明はなかった。はっきり言おう。米国の空母を中国の巡航ミサイルから守るのだ。そして空母は中国本土を空爆するだろう。中国がこれを阻止するためには核ミサイルに頼るほかない。そしてそれをしたなら米国本土から何十倍もの核報復が行われ中国軍は地上から消滅する。この結末が予見できるが故に、中国軍は米海軍を攻撃しない。これがアジアの平和の本質なのだ。日米安保を抜きにして自衛隊の戦力を検証しても何の意味もない。

Ｆ15が世界最強の戦闘機だって？　そんなもの痛くもかゆくもない。日本全国にある二十数ヵ所のむき出しのレーダーサイトをゲリラコマンドが攻撃すればＦ15は飛び立つことすらできまい。年間数千人の密航者が来るというご時世に果たして空虚なシナリオだろうか。戦前にも、日本海軍は無敵という「検証」はあった。確かに軍艦の質と量だけを比較すれば無敵だったのだ。結果は言うまでもない。いつの時代も兵器オタクは国を誤らせるものらしい。

軍事ジャーナリスト　鍛冶俊樹』

これもまた「一部の現象を見て全相を観《み》ることを忘れるな」ということを教えてくれる文章だと思う。つまり「実相」は完全円満だが、現象界にはまだまだその「実在」が覆《おお》いくらまされているという指摘の〝一部〟なのである。いかに日々の「神想観」で「実在界」（全相）を観ることが大切であるかが判るに違いない。

＊聖経読誦＝『甘露の法雨』をはじめとする生長の家のお経を読み誦えること。
＊『生命の實相』＝谷口雅春著。生長の家の聖典。頭注版・全四十巻、愛蔵版・全二十巻。昭和七年発刊以来累計一千九百万部を数え、無数の人々に生きる喜びと希望とを与え続けている。（日本教文社刊）
＊やまと練成会＝奈良県大和郡山市城南町二－三五にある生長の家奈良県教化部で開かれている練成会。
＊相愛会＝生長の家の男性のための組織。全国津々浦々で集会が持たれている。
＊地方講師＝自ら発願して、生長の家の教えを居住都道府県で伝える、一定の資格を持ったボランティアの講師。
＊ゆには特別練成会＝福岡県太宰府市都府楼南五－一－一にある生長の家ゆには練成道場で行われる、生長の家総裁・谷口清超先生ご指導の練成会。
＊万教帰一＝すべての正しい宗教が説く真理は一つに帰するということ。
＊愛行＝人々に対する愛の行ない。

II　平和な世界を求めて

新しいチャンスの時

不死・不滅の世界

新年号の原稿のシメ切り日が、十月二十日となっている。それまでに〝一月号の原稿〟を書くのは、現実的ではないから、相当頭を働かせ、時間感覚を移動させて、あたかも外国旅行をして行く先の時間に合わせるような〝時差〟を越えた操作をしなくてはならない。ところが他方私はシメ切り日に追いかけられるのがいやだから、いつもシメ切りより早い目に原稿を書くくせがついてしまった。

そこで今は九月末だが、一月号の原稿を書きはじめたところなのである。するとどうしても九月十一日に起った衝撃的な事件、ニューヨークの世界貿易センター超高層ビルなどに突入したハイジャック民間航空機による同時中枢爆破テロ、及びそれに伴う世界的〝戦争状態〟について書きたくなる。これは正月号の記事にはふさわしくない内容だが考えようによっては、「危機は同時にチャンスである」との原則から、この世界的悲劇も、〝新時代〟の到来を約束する好機ともなると言えるであろう。

そもそも完全円満な「神」が在るならば、その実在界（ほんとうにアル世界）には死もなく病もなく、戦争もテロ（テロル）もないはずだ。ところが現実世界は、実在界そのものではなく、「その写し」のようなものである。丁度部屋の外の世界が障子には、影としてボンヤリ映っているようなものだ。そこで庭の立ち木も木《こ》の葉一枚一枚も、ぼんやりと影のように映っているだけなのである。

つまり現象界は〝不完全〟だ。死や病気や災難が、本当はないにしても、アルように見えたり、感受されたりする。これは人間が「肉体」という〝道具〟を使って生活する限り、見たり感覚したりする現実である。本当は全ての人々が「神の子」であり「仏様」であっても、この「実相」が現れてはいない。現れてはいないが、実在している。本当にアルのは大調和した智慧と愛と真・善・美の「実在界」「不死・不滅の世界」だけなのである。この「実相」を説くのが真の宗教であるが、この実相を説くことを知らず、神が戦いや殺害や、復讐や報復をさせていると信ずるのが、一部の人々の陥《おちい》る迷妄なのである。

中には「神・仏」そのものを否定し、我《が》の欲望の満足のみで生きようとする人々、即《すなわ》ち〝唯物論者〟もいるが、これでは地上の争いや憎悪や戦争はそのまま肯定されて、決して止むことはないだろう。ただ自己の肉体が死んで、骨や灰になるだけの、〝何の意義もない人生〟いうことになるだけである。

人生の意義

これでは「新年おめでとう」も何もありえない。どうせ灰になるだけの人生ならば、新年になるということは、さらに一層「灰の末路」に近づいたというだけで、何の喜びも新鮮さもあり得ないからである。しかも毎年新年になると、神社に参拝したり、オトソを飲んだりするのは何故か？　単に「欲望満足」の足しになるからというだけでは物足らない。やはり唯物論者も「生きる目的」を捜さなくてはならない。そこで快楽以外にも、地位や名誉などを追い求めるということになる。

そのような人々にとっては、地位や名誉が「神様」みたいなものだ。しかし「神」は不変・不動であるが、地位や名誉はいくらでも変化する。富や財産でもそうだ。時には全く無に等しくなることもある。だから「何時《いつ》なくなるかもしれない」と思うと、不安でたまらない。こうして本当に生き甲斐のない、不安定な人生を送ることになるのである。

しかし一見「神を信じている人」のように見えても、この世の中の悪人や〝悪い国〟をアルと信じ、神がこれらと戦えと命令していると信ずる人々も、不安定な人生を送ることだろう。それは彼らが依然として「現象」をアルと思い込み、貧しい人や国を作った相手を憎悪し、神の命令に従って「戦おう」と思うからである。九月十一日にニューヨークの世界貿易センターに突入した米中枢爆破テロの犯人達も、アメリカ等の富める国を〝悪〟だと信じたのであろう。彼らが自分達アラブの国民の富を奪い去ったのだ。だから〝神の命令〟に従って（つまりイスラム原理主義的解釈に従って）、アメリカを主謀者とする国の拠点をテロ攻撃しようと決意し、万全の対策を立てて実行した、つまり彼らの信ずる神の命令に従ったのであろう。

ところがこのように神と悪とが対立して存在すると認める神は、絶対神でもなく唯一神でもない。まだ対立する悪を残しているような、悪や戦いを認めていい、いるような神は、絶対神ではなく、単なる相対神であり、その信者は間違った信仰者集団であると言えるのである。

そもそもテロル（Terror）の意味は〝恐怖〟というラテン語に由来するが、単におそれているというような心理的状態を言うのではなく、〝大いなる恐怖〟である。さらに〝World Book Encyclopedia Dictionary〟を要約すると、「死や暴力の恐怖を用いてある政治目的を達成するグループや運動、そういった時期」を言うようである。こうしたテロリストによって引き起された惨事は、必然的にその反作用が起るのだ。

業の法則

しかしそのどちらの惨劇も神の作品ではなく、神のご意志でもないが、現象界を支配している「法則」によって現れてくる。例えば「あいつが憎い」と思って、相手のあいつを殺傷した人は、そのあいつから仇討ちされなくても、国がその犯人を捕えて処罰するだろう。昔ならばそこから仇討ちが始まり、その仇討ちが次の仇討ちを引き起すということにもなりかねなかった。しかし現代のように社会が法整備されてくると、国が代わりに犯人を捕えて処罰するのである。

時にはその犯人が、罪もない他人を数多く巻き込んで殺害したということになると、死刑となることはよくあるのだ。これは「因果《いんが》の法則」という「業《ごう》の法則」であり、必然的に起って来る現象界の現実である。その犯人が、ある種のテロ集団である時は、この集団に属する人々全てが裁かれて、中には死刑になる人もいるし、終身刑、無期刑や、有期刑として裁かれる。それを「裁くな」と止めたり、刑罰を与えるなというだけでは、「業の法則」は止まるものではないのである。

そしてこの犯罪捜査に当たる警察官や、犯罪を裁く裁判官たちを、不当に非難する人はいないであろう。ただ「憎悪して任務を行うな」ということは言える。つまり相手を憎むと、過剰な反応を引き起し、正当な捜査や裁判ができないからである。昔にはこうしたこともあったたし、魔女として火あぶりにされたり、拷問《ごうもん》を加えたりもした。今でもまだ拷問らしい行為を残している国すらあるくらいだ。

ところで「神の国」に、そのような仕組みがあるのかというと、そんな不完全なものはない。大調和の世界が「神の国」であり、智慧と愛と、真・善・美の充ちあふれた〝極楽世界〟だからである。罪人もなければ、裁く人もいない。病気がないから、病院もない。しかし現実世界には、そのような病人もいるし、医師も看護婦も裁判官もいるのであり、国家としては軍隊や自衛隊があるのだ。しかし「神の国」に戦争があるわけではないのである。
では一体、「神の国」にないのに、医師や警官や裁判官に何の意味があるのかというと、現象界という影の世界もナイのだが、ただ「神の国」なる実相を現成《げんじょう》しようとする方便としての「救いのあらわれ」がある。医師や病院は、病む人々を何とかして健康にもどしたい、つまり本来の病まない姿を現したいという愛の心の現象化したものとして、その存在意義があるのだ。

国家のもつ軍隊でも同じことが言える。「神の国」には侵略もなく、戦争もなく、テロもないし、スパイもいない。しかし現実に起りうる戦争や侵略をふせぐための「力」の現れとして「軍」が作られて、現実に存在する。谷口雅春大聖師*も、現実世界にある「軍」は国の〝威〟の象徴であって、これは現象界ではなくならないものだと説かれたことがあった。同じようにして「神の国」の大調和を現象的に表すための国際連合や同盟国というものもありうるし、その存在価値は病院や自衛隊・軍隊と同様な意味合いがある。

自衛の行為

従って吾々《われわれ》は軍隊や病院や警察や裁判所をなくせよなどと主張はしない。それどころかこのような役割を荷《にな》う人々に「感謝しよう」というのである。勿論《もちろん》中には個人的に誤った行為に陥る人もいることは、官吏や政治家や教師や宗教家にも迷った人々がいて、フラチな行動をとり、中にはサリンという毒物をまいたテロ犯人まで出したりして裁判にかけられている人々もいる。だからといって、軍や官吏、政治家、宗教家、教師、医師が全て悪だ、けしからんなどということはないのである。

そのような訳で国際連合も必要だし、同盟国も必要であり、国家には自衛権があり、同盟国間には集団自衛権があるのも当り前である。その自衛権は、今回のような同時多発的テロ事件の時にも、当然発動されるから、米国は同盟国に呼びかけて、一時、集団的自衛権を行使しようとしたのである。これは単なる〝報復攻撃〟や〝復讐〟ではないから、公式にはそうは言っていない。〝新しい戦争〟とか〝対決〟とは言ったし、「自衛の戦争」であるとも強調している。即ち『毎日新聞』九月二十四日号によると、

『ブッシュ米大統領は20日の議会演説で「国連」という言葉を一度も使わなかった。91

年の湾岸戦争では国連の武力行使容認決議を錦の御旗《みはた》に多国籍軍を編成、国連の権威を最大限利用したが、今回は米国が独自に各国の協力を取りつける方法を取っている。米本国が直接、攻撃の対象となったため自衛権を行使して反撃する、という論理だ。

ライス大統領補佐官（安全保障担当）は19日、「軍事攻撃には国連決議が必要か」との質問に、「既に国連は米国支持を表明し、これから起こることも理解している」と述べ、新たな決議は不要との立場を表明している。補佐官は「米国には自衛権がある」とも強調した。ラムズフェルド国防長官も「自衛の戦争だ」と繰り返している。

この背景には、時間がかかる国連の根回しを回避し、決議の枠組みに拘束されずに自由な軍事作戦を展開したいとの思惑もある。ブッシュ政権で顕著になった一方的外交（ユニラテラリズム）の反映とも言えそうだ。

ただ、ライス補佐官は「今後の国連活動について何を要請するかは何とも言えない」とも述べ、事態が長期化した場合の国連の活用の仕方を詰め切れていない事情もあることをうかがわせた。【ワシントン中井良則】』

ところが日本のテレビやラジオ、マスコミは多くの場合「報復戦争」とか「報復攻撃」という言葉を使って報道したので、国家的報復というように受け取られ、かえってアメリカを非難し、「歯には歯を」ではだめだという反対派を生み出したようである。しかし同日の『産経新聞』の〝主張〟欄でも、ピッツバーグ郊外に同時テロによって墜落した旅客機の若い乗客夫婦の携帯電話での会話を記し、夫が機内から妻に刻々と機内のテロリストの行動を伝え、彼が他の乗客と共に立ち上がってテロリストと戦うことを妻に相談する。そして妻が「あなた、戦って！」と答え、やがて何人かの乗客がテロリストと戦い、この旅客機は無人の野《や》に突っ込んで、全員が死亡したことを述べて、次のように記していた。

犯罪を裁くのが「報復」か

《最愛の夫をテロとの戦いにあえて送る若い女性のこうした姿勢と、日本の一部でのテロとは戦うなという論調とをくらべるとき、価値観の断層とも呼べる食い違いに慨嘆させられる。

日本では国際政治学者が大手紙への寄稿で米国は武力の反撃ではなく、「犯人ネットワークへの対処のための危機管理交渉を」と求めた。別の大手紙は社説で「軍事制裁は報復が報復を呼ぶ」とか「『目には目を』の報復だけにこだわることなく」と主張した。

ブッシュ大統領らは議会演説でも他の政策表明でも「報復」「復讐」「目には目を」という言葉は一度も使っていない。無差別な大量の殺害と破壊をもたらすテロという犯罪を裁き、その組織や温床を根絶すると言明しているのだ。暴力、武力の行使そのものであるテロリズムの防止や抑止には物理的な強制力の行使を排せるはずがない。オウム真理教の無差別大量殺人に対し警察が強制捜査をすることが「報復」であり、「目には目を」なのか。

日本側での「テロリストと交渉を」式の主張はテロの原因についても「ブッシュ政権の自国中心主義」（商社の研究所長）とか「ブッシュ政権下でのグローバリズムの勢いが人を極端な形に駆り立てる」（アメリカ史研究学者）、「ブッシュ政権の出現以来、巨大な軍事力を背景に力のゴリ押しを強行してきた米国に対し戦争を行って、何が悪いか」（政治活動作家）というような断定と歩をともにする。（後略）》

ところで日本はアメリカと安全保障条約を結んで「同盟関係」にある。ＮＡＴＯ諸国もアメリカと同盟関係にあるから、いち速く「集団的安全保障」の項目を採用しうることを宣言した。この集団的安全保障の権利は、日本では「あるけれども、行使は認められない」とされている。これはかつて内閣法制局長官の発言を、当時からの政府が今日まで引き続き採用して来た結果だが、一体「権利があるのに、行使してはいけない」とは、どのような理由によるのか。それは現在の「日本国憲法」の第九条によるのだというのである。しかし同じ「日本国憲法」の〝前文〟には、

『(前略)われらの安全と生存を保持しようと決意した。われらは、平和を維持し、専制と隷従、圧迫と偏狭を地上から永遠に除去しようと努めている国際社会において、名誉ある地位を占めたいと思う。われらは、全世界の国民が、ひとしく恐怖と欠乏から免かれ、平和のうちに生存する権利を有することを確認する。

われらは、いずれの国家も、自国のことのみに専念して他国を無視してはならないのであって、政治道徳の法則は、普遍的なものであり、この法則に従うことは、自国の主権を維持し、他国と対等関係に立とうとする各国の責務であると信ずる。

日本国民は、国家の名誉にかけ、全力をあげてこの崇高な理想と目的を達成することを誓う』

と明言しているのである。つまり現憲法もまた不完全なのである。

自然発生の連帯

私はかつて「集団的自衛権は生得的権利であって、個人ではゆるされているのに、国家で行使できないというのはおかしい」という意味のことを書いたことがある（平成九年九月号機関誌[*]及び平成十三年三月号『光の泉』[*]参照）。権利があるのに、使ってはいけないというのは、大きな矛盾ではないか。そこで今回のテロ事件で、九月二十四日の『読売新聞』には明石康氏が「地球を読む」の欄でこう述べておられる。

『今回の悲劇は、その犠牲者の国籍が多様なことでわかるように、アメリカだけのものではなく、わが国を含む国際社会全体を襲ったものである。だからアメリカとの連帯感は自然発生的だったし、各国の指導者の反応もきわめて素早かった。それはテレビの画像を通じてリアルタイムで感じられた。

それに比べ、小泉首相自身によるテレビ発言はかなり遅れていた。しかし湾岸戦争時のわが国の対応の立ち遅れの教訓が生かされ、十九日には対米協力のための七項目が発表され、ほぼ同時にＧ８諸国の共通政策が表明されたのは幸いだった。

集団的自衛権行使についての国内の長い議論は、外からはなかなかわかりにくい。個別的ないし集団的自衛権は、国連憲章第五一条で「固有の権利」とされ、自然権に近い重い意味で使われているからである。政治が内閣法制局に振り回されている印象があるのは困りものである。この問題はタブー視されることなく、アジア諸国の一部に残っている対日不信感を取り除く真摯な努力と信頼の醸成の中で、もっと早い時期に解決されてしかるべきであった。

アメリカとの同盟関係の強化、アジア地域の相互理解と協力、国連を通じた普遍的平和の構築という三つの作業は、互いに矛盾するものでなく、むしろ並行して遂行《すいこう》されるべき外交活動であるのはまちがいない。』

さらに『産経新聞』の九月二十四日号で、京都大学国際政治学の教授・中西輝政《てるまさ》氏は、記者の質問に対して次のように答えておられる。

『(前略)――集団的自衛権の行使を禁じた憲法解釈はどうすべきか

「首相の決断で変更できる。小泉純一郎首相は総裁選で集団的自衛権の行使を訴えたが、棚上げになっている。一日も早く決断すべきだ。(テロが発生した)九月十一日以来、構造改革よりも憲法問題が優先課題となってしまった」

――現行法で日本は何ができるか

「周辺事態法を適用すればいいのではないか。(インド洋の)ディエゴガルシア島まで(の物資輸送などは)戦闘行為と一体化とはいえないだろう。仮に周辺事態法を適用できなくとも、戦闘行為とは関係のない地域なので、平時の補給としてやれるのではないか。これをダメというのは、米国が世界のどこかで戦争をしていれば一切補給してはいけないという話になる」

――時限立法にすべきとの意見もある

「新法制定の動きがあるが、その必要はない。特に時限立法というのはおかしい。これは長い危機であって、状況を見誤っている。国会に上程して国民世論の動きなどいろんな要因が重なって立ち往生したり、否決になれば政治の流動化を引き起こすことにもなりかねない。（対米支援は）まずは動いてみて国会で政府の対応を検証すればよい。事後検証で許される事態だ」（伊波興作）』

繰り返し言うならば、「神の国」には戦争もなく、病気も貧乏もなく、全てが完全円満で、光一元の世界である。けれども現象界にはその実相が部分的に、影として、映像的にしか表現されていないのである。つまり迷ったり、悩んだり、人と争ったりする人々がいるし、それを組織的に実行しようとする集団もいるのである。そのような現実をより安全なものにするために、軍隊や自衛隊が作られ、警察や裁判所がその仕事を遂行しているのだ。

それ故、自衛権もあるし、集団的自衛権もある。現に米中枢同時テロ（同時多発テロ）においては、日本を含む世界で六十ヵ国以上の国民が攻撃された。それは自衛権の発動によって護られてしかるべきである。個人においてはそれが許されている。即ち「刑法」第三十六条、第三十七条に、「正当防衛、過剰防衛」等として次のように記してある。

『**第三六条〔正当防衛、過剰防衛〕** 急迫不正ノ侵害ニ対シ自己又ハ他人ノ権利ヲ防衛スル為メ已《や》ムコトヲ得サルニ出《い》テタル行為ハ之ヲ罰セス

②防衛ノ程度ヲ超エタル行為ハ情状ニ因《よ》リ其《その》刑ヲ減軽又ハ免除スルコトヲ得

第三七条〔緊急避難、過剰避難〕 自己又ハ他人ノ生命、身体、自由若《も》しクハ財産ニ対スル現在ノ危難ヲ避クル為メ已ムコトヲ得サルニ出テタル行為ハ其行為ヨリ生シタル害其避ケントシタル害ノ程度ヲ超エサル場合ニ限リ之ヲ罰セス但其程度ヲ超エタル行為ハ情状ニ因リ其刑ヲ減軽又ハ免除スルコトヲ得

②前項ノ規定ハ業務上特別ノ義務アル者ニハ之ヲ適用セス』

〝自分又は他人〟に対して危害が加えられた時はとなっているから、正当防衛は〝他人〟に対して防衛する権利を認めている。それ故、同盟関係にある他国に対して危害が

加えられるならば、その同盟国たる吾《わ》が国も、これを防衛するのが当然の権利であり、その権利を「使うな」と言うのは、間違った解釈である。それを「司法長官」と称する役人が昔言ったからといって、歴代の内閣がその〝解釈〟を受け継がなければならない道理はどこにもないだろう。

たしかに「目には目を、歯には歯を」では問題は解決しない。これは報復の思いだから果てしがないのである。では「愛を以て全てを赦《ゆる》すべきか」となると、そのような心になりほとんど全世界の人々が「神性・仏性」を自覚するに到るのは、まだこれからの伝道の努力が長期にわたり大いに必要であると言わなければならないであろう。

＊谷口雅春大聖師＝生長の家創始者。昭和六十年、満九十一歳で昇天。主著に『生命の實相』（頭注版・全四十巻）聖経『甘露の法雨』等がある。
＊機関誌＝生長の家の会員向け月刊誌。「生長の家相愛会」「生長の家白鳩会」「生長の家青年会」の三誌がある。平成九年九月号に掲載された著者の論文「神に委ねる愛行」は、『明るい未来のために』（日本教文社刊）に収録されている。
＊『光の泉』＝生長の家の中・高年男性向け月刊誌。

偉大なるコトバの力

言葉の創造力

人はコトバによって、その人の人生を作るのである。ここでコトバというのは、口に出して言う言葉ばかりではなく、「身《しん》・口《く》・意《い》」と言って、身体の動作や、口で言う言葉や、心の思い（意）の三者を含めているから、「三業《さんごう》」ともいう仏教的なコトバである。そしてこの三者が人生を作る「業《ごう》」となるのだ。

「業」は「行」の重積した言葉だ。そしてコトバは法律でも契約でも、強く人生の方向づけをする。即《すなわ》ち何気なく一回だけ言ったコトバよりも、何回も何回も言っていると、それが「業」となり、実現することになる。法律でもそれが正式に採用され議決されるまでには、何回も審議され、やがてそのコトバが法律化して、吾々《われわれ》の人生を規定することになるようなものである。

しかしこのような現実世界のコトバは、どんなに強力であっても、永久に人々を支配するものではない。例えば二国間で結んだ条約でも、いつか破棄されて戦争になることもあるし、宣戦が布告されても、やがて和解するということにもなる。

このように現実生活は、丁度芝居の舞台のようなものだから、そこには脚本に書かれたコトバが上演される。しかしその芝居が終れば、別の脚本（コトバ）による芝居が上演され、以前の舞台は消え去るであろう。そのように吾々の現実生活は、芝居の中の一場面のように、脚本というコトバによって作られる仮の存在（現象）であり、本当に実在する世界（実相）ではないことを知らなくてはならない。

「生長の家」で、「人間は神の子である」とか「人はみな仏であり、完全円満、不死不滅である」というのは、以上のような〝現象〟ではなく、実相（実在界）のことを言うコトバである。そしてこの実在界の創《つく》り主を「創造神」と呼ぶ。即ち、

『創造の神は

五感を超越している、

六感も超越している、

聖
至上
無限
宇宙を貫く心
宇宙を貫く生命
宇宙を貫く法則
真理
光明
知恵
絶対の愛。』
と『甘露《かんろ》の法雨《ほうう》*』の冒頭に述べられている如くである。

聖書のコトバ

さてこの聖経の中の「宇宙を貫く法則」は、神の本質の一つではあるが、芝居の中の「因果律」のようなものではない。脚本のコトバは、芝居の中での筋書きであり、これは神の作ったコトバではなく、脚本家の戯作《げさく》（コトバ）である。従って「私はあなたを恨みます」と書かれていても、そのような脚本は実在ではなく、仮の作品だから、本来ナイ（実在しない）のだ。それ故、現象界の「三業」なるものは、本来ナイコトバだから、業の法則であるところの「因果律」「因縁果の法則」もやはりナイのである。そこで、「因果を超越する」ということができるのである。

けれどもこれは実相世界の法則がないのではなく、仮相《かそう》（現象）なる芝居の舞台での脚本が消えるというのでもない。現実世界ではどこまでも「善因が善果をもたらし、悪因が悪果をもたらす」という「因果律」が成立し、「因縁果の法則」が成立するということになる。しかもそれが「三時業《さんじごう》」として、現世で結実したり、次生《じしょう》で結実したり、後生《ごしょう》で結実したりする。つまり「結果が限りなく先送りされる」から、その間に悟りを開いて善行に転じた人々は、いくらでも善業を深めて、本来は実在しない悪業が現象的にも消滅して行くのである。

しかも「実在界」には時間の次元がないから、光が闇を消す如く、瞬時に病や不幸が解消するということもありうる。これも神のコトバの現象界への投影であると言えるであろう。

さてこの実在界（神の国）のことを伝え行ずるのが宗教の使命であるから、神や神の国をコトバで説明するが、日常吾々の使う言葉の大半は現象界を表現するコトバであるから、聖書や聖典の中のコトバでも、喩え話や説明文では、屡々《しばしば》現象語（生れるとか死ぬ、苦しむとか怒るなど）が出てくる。そのようなコトバに引っかかって、「神も怒るのか」と思ったり、「神も悩み苦しむのか」と錯覚すると、信仰者でありながら、いつしか現象的な争いや破壊活動に加わるということもありうるのだ。

こうなる原因は、聖書や聖典と称されるものの中のコトバの一字一句にとらわれて、その句を文字通り行おうとする「原理主義」によるからだ。ことに世に聖書といわれ、聖典と呼ばれる文章も、その宗教の創始者のコトバ通りのものではなく、後の世になって、弟子達が記憶の中から書き記したものも沢山ある。仏典もキリスト教の新旧約聖書もそうである。回教（イスラム教）のコーランにも、現象的なコトバが沢山出てくるから、この〝文字通り〟を実行するのが正しいとなると、破壊活動を起したり、宗教戦争を引き起すという「原理主義」の可能性がふえてくるのである。

コーランについて

そこで生長の家では、たとえ「聖典」であっても、その文字の間や行間にある意味を把握せよというのだ。仏教では「不立文字《ふりゅうもんじ》」とも言い、真理それ自体は〝文字を超えている〟と説くのである。「無」と言っても、何もないのではなく、「無智」と言っても、智恵がナイのではない。「一」と言っても、それは一、二、三……の一ではなく、「無限」であるというので「一即多」ともいう。「自他一如」ともいう。この「如《によ》」という言葉で仏の世界を現すから、〝仏〟のことを如来《にょらい》（如より来生《らいしょう》するもの）というのである。「如」を「真如《しんによ》」ということもあるが、真如というとある宗派の独占的言語だと考えると、大変な間違いが起るだろう。「仏」と「神」とは違うと主張するのも、一種の歴史的独占思想の現れであるから、吾々は「神」と「仏」とを、そのように別者とは考えず「神仏一如」の「コトバ」として把握しているのである。

このような次第で、生長の家では「万教帰一」ともいうが、これを全ての宗教を統一するとか、どの宗教も同じであると解すると、これは大変な間違いということになる。もし同じなら、どの宗教を信じてもよいということになるが、これが「万教帰一」ではない。宗教の中にも色々と間違った教えが混入したり、現象的なコトバの記述もありうるから、「一」ではないのである。

例えて言えば、金製品の中にも、十八金とか二十四金とか色々とあって、金の純金部分は同じでも、不純物が色々加わる。するとその金製品では、目方だけではその値打ちが決まらなくなるだろう。万教帰一とは、そのような〝純金〟の部分はみな同じ値打ちだというようなもので、夫々《それぞれ》何らかの真理を含んでいるという意味である。その真理のところが「一」だというのである。

そこで「万教帰一」だからといって、あらゆる宗教と手を結べとか、これらの連盟に加入せよとか、合同会議には必ず出席せよ、それを強力に促進すべしというのは、やはり「万教帰一」の意味の誤解であるということになる。〝万教〟というとまさに文字通り無数の宗教団体や宗派やカルトがあるだろう。それらを全て説明せよという考えも、大いなる錯覚であり、キリスト教や仏教や神道だけが宗教の全てでないこともまた明白である。

ことに現在世界的にはイスラム教も大いに信仰されていて、「コーラン」が聖典とされている。ところがこのコーランにも色々とあって、一冊にまとまっているというわけではない。従ってその英語訳にも沢山あるが、もともとはアラビア文字で書かれたもので、その種類も一つではなく、古いアラビア文字で書かれたものは・がはぶかれていた。従って・の所在でコトバの意味が変化する。だからあとで・をどこにつけるかで、種々解釈が異なってきたのである。

マホメット

ことに記述者や口述者の性格や生活環境がそのコトバに影響する。例えばマホメットでも本当はムハマッド（Muhamad）と呼ばれ、西紀五百七十年ごろアラビア半島の西方地区、紅海沿岸のメッカで生れた。六歳のころ母のアーミナーが死亡し、祖父に育てられ、祖父の死後は叔父のアブー・ターリブ（Abū Tālib）に育てられた。父親のことは不明である。従ってコーラン（QUR'AN）の中には〝孤児〟の引用が沢山出て来るのだ。

青年時代にはハディージャ（Khadījah）という未亡人の交易会社に雇われ、キャラヴァン隊としてメッカからシリアに旅行した。もともとマホメットはクライシュ族という商業界の出で、ハディージャも同族の金満家だった。その四十歳ぐらいの女性から結婚を申し込まれ、二十五歳ごろに彼女と結婚をして、突然金満家の夫となったのだ。従ってコーランの中には、商人的な言葉が沢山出て来て、いわばすこぶる庶民的と言えるのである。

ところが四十歳近くから、彼の心に変化が起り、神憑《かみがか》りとなるようにもなった。こうして彼はメッカの近くの洞穴にこもり禁欲生活を送った。当時のメッカは交易の騒がしい中心都市で、しかも〝偶像崇拝〟の教えが行き渡り、さらにシリアあたりには天地終末の教えも広く信じられていた。しかしある日マホメットは洞穴の中で、突然何ものかによって心が占領された状態になった。彼はそれを〝天使ガブリエル〟の降臨だと説明しているが、天使は彼に「誦《よ》め」と命じた。マホメットが「私は無学で、読み書きができません」というと、天使はこう言ったと、コーランの九六章「血の凝《かたま》り」の中に書いてある。

『血の凝りから人を造った、造り主なる汝《なんじ》の主《しゅ》の御名を誦《よ》め。誦め！　汝の主は最も豊かなる者「一」を創り、そのペンによって人の知らざることを教え給うた。誠に人は、自らの思考を超えて、主なる者を知るのだ。汝の主は全てを汝に与え返すから。人が祈る時、人は主（我ら）を与え返される。思考せよ、彼は正しき導きに従うか？　真の信仰を拒絶するか？　考えよ、もし彼が「真理」を拒み注意（祈り）を怠《おこた》るならば、神の見（与え）給う全てを悟るだろうか。否（断じて）、そうするな。さもなくば、我ら

（主）は前髪をつかんで彼を引き寄せ、彼の嘘と罪深い行いを止めるであろう。かくて彼の仲間を呼びよせる。我ら（主）は地獄の獄卒を呼び寄せる。否（断じて）、彼に従うな！　自らひれ伏して、我が近くに寄れ。』（一節―十九節）

以上の文章は、私が英訳のコーラン（ペンギン・ブックス・五九七頁）から訳したもので、同書にはアラビア語の原文も出ているがどうなっているかは読めないから分からない。日本語訳では井筒俊彦氏訳岩波文庫『コーラン』上中下三巻が出ているが、この章がどこにあるか発見できなかったので、勝手に翻訳した。何しろコーランは、収録されている順序が実に無秩序で、前なるものが後に、中間にと、バラバラであるから、とても分かりにくいのである。しかし何となくコトバの大意は分かるであろう。（後になって、愛知県教化部長の良本峯夫講師から岩波文庫にも掲載されているという報告をうけた。同氏のご努力に感謝する次第である）

このようにキリスト教の聖書でも、コーランでも仏典でも、神道の神話でも、その一語一句の文字に引っかかって、その文字通りを行うということを、聖典本来の目的と思っては、戦いや争いや破壊と混乱を引き起す結果となるのである。

目まいがした

このようにコトバの力というものは、実に偉大であり、人生を支配し、世界秩序をも左右する。それ故、正しいコトバを読み、語り、念ずることが必要であり、それなくして正しい国造りも、家造りも、人格の完成も、人類の進歩もありえないのである。生長の家では、毎日「神想観」を行い、「聖経の読誦」を行うが、この行事がどんなに大切であり、何を心に思い描き、コトバで誦《とな》えるかを考えてみると明白に分かるであろう。

即ち『甘露の法雨』には、前述の如く単刀直入に「創造の神」の本質が書かれている。しかも世俗的な言い回しではなく、大聖師が自ら筆をとって神の御心をそのまま、インスピレーションによって（憑依《ひょうい》状態ではなく）書きとめられたコトバである。「神想観」となると、〝実在界〟を心に描き観《み》るのであって、現象界の出来事を「これこれを直して下さい」とか「解決して下さい」とかと念ずるのではない。もし現象界の出来事を思うならば、それらを最後には神に全托してしまうのである。即ち神のコトバが独在するところの「瞑想」であるという大いなる特長がある。これも広い意味でのコトバの力であり、「神のコトバ」の現成《げんじょう》ということになる。

例えば平成十三年六月十七日に、総本山の団体参拝練成会で、小橋玲子《こばしれい》さん（昭和九年九月生まれ）が、次のような体験を話されたことがある。小橋さんは徳島市北常三島《きたじょうさんじま》町二丁目に住んでおられて、昭和三十七年に入信された。平成十二年十二月十四日のことだ。玲子さんは激しい目まいがして倒れてしまった。その後二、三日間は、全身が大きく揺れるような不安定な状態が続いたので、脳外科によい先生がいるという徳島市民病院に行って、診てもらった。

色々の検査が始まり、その結果、「脳動脈瘤《りゅう》の疑いがある」という診断だった。そして年が明けたらすぐ入院して、もっと検査をしよう。その結果、もしかすると手術をしなければならない、ということだった。玲子さんはビックリして、せい一杯の気力でもって、

「先生、もし手術をしなかったら、どうなるんですか」

ときいた。するとドクターは間髪を入れず、

「瘤《こぶ》が破裂すると、即死です。だからこの年末は、あまり無理をせんようにな」

と言われた。玲子さんは急いで家に帰ったが、年末といってもあと僅《わず》かしかなかったので、新年を迎える準備もあり、心はパニック状態だった。母と夫は、「仕方がないから

病院を信じて従おう」と、力なく言われた。

しかし玲子さんは、手術をしても成功すればよいが、そうでない場合は……と考えると、悩んでしまうのだ。これもみなコトバの力であり、行く末のことを思い患うからであった。

そこで彼女は限られた時間内で、公私にわたって身辺の整理をしようと思い、生長の家の教化部に行き、教化部長と白鳩会連合会長さんに事情を話した。それまで玲子さんは地方講師でもあり、白鳩会の支部長でもあり、聖使命会員*対策部長（当時）でもあったので、組織活動をしばらく休みたいと申し出て、関係書類を全てお渡しした。するとお二人は、

「大丈夫だよ。人間の製造元である神様に全托しましょう。〝神癒祈願〟をしましたか？こちらでも毎日祈っているから、頑張りなさい！」

と力強くおっしゃった。玲子さんは涙がこみ上げて来た。そして白鳩会長さんはご自分の体験を通して色々と、「人間・神の子、本来病なし。現象は心の影である」ということを話して下さったのである。玲子さんは今までそのコトバを何回も聞いたことがあったが、今の自分の心には一体何があるのだろうと反省した。そして〝背水の陣〟を布

き、残された時間に「聖経読誦」に力をそそぎ、先祖供養をしようと決意した。

『甘露の法雨』など

その後は毎日家族と共に「聖経読誦」に精を出し、日夜『甘露の法雨』を読誦した。するとフト思いついた事があった。玲子さんの本籍は岡山県にあり、岡山の本家のお墓参りをしようという事だ。そこで十二月二十八日に家族揃ってお墓参りに行き、『甘露の法雨』を読誦し、感謝のお礼を行った。

やがて年が明け、一月十六日には病院で脳動脈の再検査があるというので入院した。入院期間中も静かな時間帯が取れたと思い、聖典を読み、「実相円満誦行《しょうぎょう》」*などを行い、「ありがとうございます」と感謝のコトバを誦えたりした。すると十六日の検査の結果が出たが、驚いたことに最初に映っていた瘤がうすらいでいると言い、「不思議だ」とおっしゃるのである。そこで、

「もう一度角度を変えて検査してみましょう。この分だと、90%ぐらい手術をせんでもよいかも知れない」

との担当医のコトバだった。そして一週間後の一月二十三日にもう一度頭部の像影検

査が行われた。待ちに待っていると、ドクターに呼ばれたので出かけると、

「完全に何もない。よかったなあ。大変なことになるところだった。本当によかったなあ！」

と言われ、医師と看護婦さんとが代る代るそのレントゲン写真を見つめておられた。そして一回目のレントゲン写真を出して来て、赤のマジック・ペンで玲子さんに説明して下さったのである。

「こういうふうになっとるだろう。ここに瘤があるだろう」

と言われた。見ると大きなマッチ棒の頭のようなコブがハッキリ二個並んで見えた。それは丁度左の眼の奥と耳の奥との間にあった。

「大したことがなくて良かったなあ。もう帰ってもよろしい」

とおっしゃる。そこで、

「先生、何か薬があるんですか」

ときくと、

「何もないのに、何もないよ」

という答えだったので、玲子さんは一礼して診察室から出た。一刻も早くこの事を神

様や御先祖様に報告したいと思いながら帰宅した。そして教化部長と白鳩会長さんにもこの快報をお伝えして、皆で喜び合ったということである。玲子さんが生長の家を知られたのは、母が戦後ずっと信仰しておられて、玲子さんは娘時代から信仰したということであった。

寿命がのびる

このように純粋な「神の子・人間」の信仰では、このような真理のコトバによって、本来の健康体を現し出すことができるのである。これは神様の特別のお情けとか、誰か仲介者の配慮とか治療といったものではなく、まさしく真理のコトバの〝現成〟であると言うことができる。

ことに医師や専門家、政治家や上司の言葉は大きな影響力を持つものであるから、悲観的なコトバや暗い否定的な言動は行わず、常に明るく正しい言葉を使って、この人生をそのように創作して行くことを心掛けるべきである。

これは一般の会社員でも、店主さんでも、誰にでも通用する心構えであり、地球資源を大切にする「愛ふかい心」のもたらす恩恵でもある。

最後に平成十三年六月十九日に『毎日新聞』にのった次のような「自転車の寿命」についての投書を紹介しておくことにする。

『「おじさん、パンクしちゃった」。朝、出かけようとしたら自転車がパンクしていたので、なじみの自転車店に飛び込んだ。「どれどれ、ちょっと拝見」。店の2代目が出てきて調べる。「もう寿命かしら」と私。「うちの店で買ってもらったのは昭和63年だから、もう13年だねえ」

後継者難や大型スーパーの進出で消えていく個人商店が多い中で、70代と40代の親子で支え合うこの店は、いつも活気がある。

夫の転勤で、郷里の北九州市から埼玉に来たのが33年前。当時は、畑の中に社宅があった状態で、交通の便の悪さに驚いた。以来、買い物に行くにも、公民館に行くにも、自転車が私の「足」になっている。

2代目によると、自転車の寿命は毎日乗って5年から10年。13年も経《た》てば、人間でいえば100歳にあたり、「人間も年を取ると、体のあちこちにガタがくる。骨粗しょう症にだってなる。それと同じだよ」と2代目。機械油に手を汚しながら、舌もなめらかだ。普通なら、買い替えを勧めるところだろうが、タイヤだけ取り換えて、「あとはよく点検しとくから、帰りに寄ってよ」と言い、そばにいたお父さんも相づちを打つ。実直さが伝わってきた。

新しいタイヤですっかり乗り心地がよくなった。私の自転車の寿命はまだまだ伸びそうだ。

埼玉県飯能市　古賀　邦子　主婦・63歳』

＊『甘露の法雨』＝宇宙の真理が分かりやすい言葉で書かれている、生長の家のお経。詳しくは、谷口清超著「『甘露の法雨』をよもう」参照。(日本教文社刊)

＊聖使命会員＝生長の家の運動に共鳴して、月々一定額の献資をする人。

＊「実相円満誦行」＝瞑目合掌して「実相円満完全」と繰り返し誦える宗教行。

世界平和のために

レフ・トルストイ

むかしは新年を迎えると共に、年齢も一つふえたが、今はそうではなくなった。しかし年号の方は必ず新しくなる。その方が合理的と言えるかも知れないが、この世の中には合理主義ばかりでは解決できない心的な、あるいは霊的な問題も沢山ある。何故なら、前に述べたように人間は肉体そのものではなく、「人間の本質」は物質（肉体）というよりも、霊的なもの、魂的なものだと言えるからである。

その点を有名なトルストイという作家も、強く主張してこられたのであった。私がトルストイの『戦争と平和』や『アンナ・カレーニナ』などの作品を読みはじめたのは、旧制高校のころで、大いに感激した。ところが平成十三年の秋、中尾充夫さんという方から『緑の杖』という本を贈られたことがあった。この人はトルストイの大いなる研究家で、その方面に精通しておられ、「トルストイの館」を伊東市富戸の国立公園内に建設せられた方である。

それはトルストイが十八歳の時（一八四六年）に、兄妹五人で領地を分割して相続した。そこでトルストイは生まれ育ったヤースナヤ・ポリャーナの土地を入手し、家を建てた。この家を模して、平成二年に中尾氏が伊豆の山中に「杜翁《とおう》緑杖館」という記念館を建てたのであった。

レフ・トルストイの書いた論文の中にも「緑の杖」と題する作品があり、彼が幼いころ、兄弟妹でヤースナヤ・ポリャーナ村で遊んだ一八三二年の春のこと、長兄がこんなことを言った。

『僕、素晴らしい大発見をしたんだよ。世の中の人が誰も不仕合せでなくなり、ちっとも喧嘩をしなくなり、腹を立てなくなり、病気もしなくなり、そして一生涯仕合せに暮らせるようになるには、どうしたら好いかという、その大秘密を発見したんだよ。教えてやろうか？』

『教えて頂戴！　教えてよ！』

『ああ、教えてやろう。僕その秘密を「緑の杖」に書いて裏山へ埋めてあるんだけどね。みんなで仲よく掟を守っていたら、其処へ連れて行って、その杖を掘り出して見せてやるよ』

と言って遊んだという。この長兄はニコラーイといって当時十歳、次兄のセルゲーイが七歳、その次の兄ドミートリイが六歳、末弟のレフ・トルストイが五歳だったというのである。(『大トルストイ全集』第十七巻中央公論社版・七三五頁―七三六頁)(シクロフスキイ著『トルストイ伝』(上)四六頁参照)

「緑の杖」

そこでトルストイの「緑の杖」という論文の中に、何が書いてあるかを紹介すると、大略次のような内容である。(同全集同巻五二〇頁以下より引用)

一体「何者」が自分をこの世に連れ出したのか。私は自分の意志によってこの世に現れたのではない(と普通は考える)。しかし君は何年か前に母の胎内から現れたのだ、と人々は言うだろう。けれども、母の胎内から現れたのは、私のこの肉体だ。

『私が己れの自我として意識するものは、私の此の肉体と同時に現われたのではない。

この私の自我は、母の胎内ではじまったものでなく、母胎を出た、臍の緒を切った時にはじまったものでもなく、離乳した時、乃至話し出すようになった時に、はじまったものでもない。私の自我が何時からかは不明だが、兎《と》に角《かく》或る時期にはじまった事を私は知っている。それと共に、この自我が常に存在していたことをも私は知る。私は己れの真実の自我を、時間のうちに見出し得ない……併し私は常にあったし、また現にあるのである。私はただ己れの以前の生活を、忘却しているだけなのだ』（五二〇頁―五二一頁、訳文は旧カナ旧漢字だが、ここでは新カナなどに直して引用した）

　こうしてトルストイは、本当の自分は肉体とは別のもので、時間の枠外にあると述べている。さらに全世界の全ての人々や、地球以外の他の遊星や星々、全ての存在を知る私の出現の動因となったのは、

『父と母との結婚である。そして私が他の人々から聞き知ったところによると、私は最初胎児だったが、やがて嬰児となり、つぎに少年、青年、大人となった。だが、この私が現われた時、私が「自分」として意識するところの此の私が現われたのは、一体何時か？　これに対して私は答え得ない。私は常に存在したように思惟される。何時終わるかも、やはり私には分からない……私は少くとも七八十年後に、きっと自分の死亡する

ことを知る。毎日、毎朝、死に接近しつつあるを知る。イヤ、今直ぐにも死に兼ねないことを知る。しかも、これを知るにも拘らず、また凡ての人の上にこれを見るにも拘らず、私はこの事実を信じない。私の自己が終り得ることを信じないのだ。』（五二二―五二三頁）

　では一体私は何のためにこの世に現れたのか、一体何を為すべきであるか？　動物的な生活をしている人間は、肉体的快楽を楽しむために生きているのだ、というだろう。しかしそんなものが人生の使命ではあり得ないという確信に達するだろう。あらゆる不幸や病や死が、さけ難いことを知るからだ。だからそんな快楽も、大事業の成就も、幸福への助力すらも人生の使命ではあり得ない。時間的・空間的に限りある短い生涯にあっては、人間の事業に何の意味もあり得ない。人間の全ての活動は、永遠の中の一瞬時にすぎないからだ――とトルストイはいうのである。

真宗教の本質

　そこで「我とは何ぞや」これは疑いもなく厳存する一つのものである。さらに此の宇宙は、何時からと時をきめて始まったものでもなく、決して終り得ない或るものである。その中に生きており、その中で活動せねばならぬのだ。
そして私が自分の幸福のためにしたいと思う一切の事はムダであり、何の意味も持たない。しかし、
『私の肉体と結ばれてはいるけれど、決してこれと同一物でない普遍的な「存在」——此の普遍的な「我」なる存在にとっては何も要らない。』（五二五頁）
『それでも矢張り、私は活動せざるを得ない。何かの力が、自分のためでも宇宙のためでもなく、私に不可解な「何者か」のために、活動せねばならぬような状態に、此の私を置いたのである。而して、実にあらゆる真の宗教の本質は、この意識に存するのである』（五二六頁）
『この意識は、私をこの世に遣わした何かの力があると言う。これが、真宗教の本質である。これは私をこの世に遣わした力、神と呼ばるる力、万事を解明して人生に意義を与える力……この至高の力を認めさえすればそれで好いのだ。そうすれば、一切が立ち所に明白になるであろう……私及び宇宙全体は、私にとって解し難き目的を達成するための、言わば道具に過ぎないのだ。従って、私の生の意義は此の究極の、私にとって解し難い目的に存するのではなく、私がそのために存在するところの、私にとって不明な

るこの目的の遂行——即ち、この至高力の認識とこれに対する奉仕と——に存するのだ。然り、神の認識と神の意志の遂行とに存するのである。』（五二六—五二七頁）

さらに「万教帰一」に近い考えを、トルストイは次にこう記している。

『自己の位置の意識から派生する神の掟は、神の意志に対する恭順と、隣人に対する愛と奉仕とを要諦とする。而してあらゆる信仰は凡てこれを基礎とする。けれどもこれは、人生に於ける種々の場合にこの掟の適用を決定するところの、必要不可欠なおおくの宗教的規則が、あり得ないという意味ではない。かかる規則は、もちろん色んな書物にある。バラモンの聖典「吠陀《ウエダー》」にも、仏典にも、古代猶太教の経典にも、福音書にも、その後の道徳上の教えの書にもそれはある。而して実に、モーゼの戒も斯くの如きものである。』（五三三頁）

『要するに、肝腎なのは、自己を欺かず、宇宙に於ける自己の位置を知る事である。而してこの位置を知り、これを理解した人、自分自身の幸福に仕えて生きてはならぬ事、汝の生命を神に奉仕するために神によって与えられたものとして受ける時、初めてそれが真の生命となり得る事、汝が神の召使いであり、下僕であり、道具であり、それと同時に神の子である事を知ると共に、此の世の生活が無意味でも苦悩でもなくなってしま

い、自分にとっても、宇宙全体にとっても、又なき幸福となるであろう。すべてはこの自己の位置の承認にある。』（五三四頁）

そして「縁の杖」という論文の最後にはこう記されている。

『神を信じ、神の慈悲を信じて、その法則に従い、この世の生活を営む者、神の慈悲を味わった者にとっては、死は神によって定められた一つの状態（幸福として顕示された状態）から他の、不明な、しかし同じく神によって定められており、従って同じように幸福であるに相違ない状態への、スムーズな移転に過ぎないのだ』（五三六頁）

殺人について

ここに書かれている死は、勿論〝肉体の死〟であるが、一見不幸に思えるどんな人生でも、その人生体験は幸福になるための学習であり、こうして次の生（次生）、さらにその後に続く生（後生）へと、スムーズに移転して行くものであることが示されている。

そこでトルストイは、このスムーズな移転に関連して「自殺に就いて」という小論文にもこう書いている。先ず最初に、

『一般に人間は自殺する権利を有するかという問題は、問題の立て方が間違っている。

権利について論ずるなど迂愚《うぐ》の極だ。自殺が出来るのなら、権利もあるのだ』(六四〇頁)

ここに言う〝権利〟とは〝合法〟であるかどうかということではなく、〝可能〟であるかどうかという意味であろう。世の中にはこの権利を多用して、いじめられたといって自殺する若者もいるくらいだからだ。しかしトルストイは、

『問題はただ自殺が合理的か道徳的か(合理的なことと道徳的なことは常に合致する)についてのみあり得るのだ。果してそれは合理的道徳だろうか?』

と反問する。そして又こう答えるのだ。

『否、否、非合理的である。それは吾々が自分の滅《ほろぼ》さんと欲する植物の芽を切断する如くに無茶な行為である。何となれば、それは滅びず、歪められて成長するに至るからだ。生命は絶する事の出来ないものである――それは時空の外にある』(六四〇頁)

つまり本当の生命は、時間・空間のこの現象界の外にあって、永遠不滅だからと断言する。ただその後は〝歪められて成長する〟、つまり自分の肉体を殺すという、一種の殺人行為を行うわけで、これは凡ゆる宗教で言い継がれている「殺す勿れ」の戒律にそむいていて、大いなる〝悪業《ごう》〟を残すから、いびつに〝歪められて成長する〟という結果

になるのである。

それは自分の肉体を殺すと共に、自分の子供（胎児）を殺すことにも、〝敵〟を殺すことにも通じるのであるから、トルストイは〝戦争反対〟をとなえ、一九〇四年（明治三十七年）五月すでに日露戦争が始まっていた時、「悔い改めよ」という大論文を発表した。これはロシアでの発表が許されず、英国のロンドン・タイムスに全文が掲載され、世界的大反響を起こしたということが『縁の杖』という中尾充夫氏の書物に書いてある。（五一―五二頁）

実相と現象

ところが驚くべきことに、日本の『平民新聞』に、その全訳文が掲載されたというから、まだこの頃は日本も〝軍国主義〟にぬりつぶされてはいなかったのであろう。その論文の要約を、中尾氏は『縁の杖』（同氏著・五二頁）に次の如く記している。

『「昨日まで平和を説きながら、今日は戦争を挑発する日露皇帝。四海皆同胞、汝の敵を愛せよと説くキリスト教国のロシアが、黄色人を殺せといい、殺生を禁ずる仏教国の日本が、白人を葬れという。そうして　それに迎合して、官、軍はもとより、学者も、教会寺院までもが、また新聞記者もが、戦争を煽動している。何十万のロシアの農民や《ママ》日本の百姓が、お互いに顔を見たこともなく、何の恨みもないのに、駆り立てられて殺しあっている。各国間の紛争を解決すべき国際会議も、大国間の戦争を止める力はない。

ロシアには何の権利もなく、ロシアのために何の必要も無い侵略に、多くの自国農民をかりたてて殺し、宮殿の特権階級だけが、何らかの利益を得ようとしている。これを救う道、戦争を止めさせる道はただ一つ、忘れた信仰心を取り戻し、キリストや仏陀の教えを一人一人が自覚し、戦うことを拒否することだ。軍人や貴族だけでは、戦争は出来ないのだ。戦争は勝っても負けても、農民は多くの命を奪われるのだから 何の為にもならない。」』

たしかに、宗教的な絶対論からいうと、神の国には「死もなく、争いもなく、病気も不幸もない」のである。実在するのは完全円満大調和の「実相世界」のみである。ところが現象界、ことに三次元世界というものは、この実在界（神の国）の無限次元を正確に写し出してはいないのである。それは丁度われわれがスリガラスか障子を通して外界の世界をボンヤリと見ているように、〝不完全な影〟を見ているようなものだ。

そこで吾々の感覚的時空間では、生・老・病・死などの〝四苦〟が現れて見える。戦争もその中の死苦の一形態に当たるであろう。そしてその死にも色々の様相が現れ、自殺から他殺、それに集団防衛や保護防衛にともなう死傷などもありうる。けれどもそれらは、実相世界という「神の国」にはナイ（実在しない）のである。

「ナイからするな」とか「ほっとけ」というだけでは、現象上の死や争いは消え去るわけはない。そこで現象的な政治経済社会では、国民を保護するための警察を作り、病院を建て、裁判所などで人々を審いたりする。国家的にも自衛隊や軍隊を作ったり、集団自衛権を主張するのは世界的な通念であり、国連憲章でもそれが認められている。

それ故、「生長の家」では、警察を廃止せよとか、病院をやめよとか、裁判所反対などということは唱えていない。むしろ逆に警察官に感謝せよという。病院に行くな、医者に反対せよとも教えることはない。ただし現実には、誤ったことをする警察官や医者や、学校の先生までいる現状である。そのような迷妄の人々が出ないように、できるだけ多くの人々に「人間・神の子」「神の子・人間」の真理を伝え、しかもその自覚を全世界のすべての人々に及ぼそうと努めているのである。

そしてその方法として、「神想観」があり、真理のコトバの日々の読誦、愛行などがあるのだ。これを実行する人々の数の拡大と、信仰の深化とを今こそ大いに努めはげもうではないか。しかも明るい心で、楽しみながら、この運動を拡大して行くのが吾々の「聖なる使命」、「人生の意義」なりと信ずるのである。

しぐさと行動について

不寛容

人はコトバをいろいろな形で使う。ちょっとしたしぐさで示すこともあるが、目くばせ一つで大きな破壊活動に突入することもある。ことに政治的な権力者や、宗教指導者などのしぐさ一つで、国や集団の運命が左右されることもあるものだ。平成十三年三月十四日の『毎日新聞』の〝余録〟欄には、次のような記事がのせられていた。

『「破壊する」というのは目的を達するための政治的な脅しで、まさか言葉どおり実行しないだろうと内心期待していたが、そのまさかがついに現実のものとなった▲アフガニスタンのイスラム原理主義勢力タリバンが行ったバーミヤンの巨大石仏の破壊。映像を見ると、石仏が立っていたあたりにダイナマイトの硝煙がたちこめ、石仏の姿はない。

「石壁には仏像のわずかな痕跡を除き、何も残らなかった」という。無残な石仏虐殺▲「バーミヤンは雪山の中にある。上から下に至るまで信心をいたさないことはなく、心を尽くして敬っている」と7世紀の玄奘法師「大唐西域記」にある。当時、2体の巨大石仏は金色に輝いていた。人々の遠い記憶を1994年に出現したタリバンは爆薬で葬った』

タリバンというのは一九九四年に起ったイスラム神学生武装グループで、アフガニスタンの中南部に勢力を拡大した。同時にタリバンに対抗する反タリバン勢力が北部に出来、「北部同盟」として活動を始めた。これもイスラム教の教えである「コーラン」の言葉を、一字一句その通りを行うという「原理主義者」と、もっと寛容に考える人たちとの行動の違いであって、そこに私利私欲や主導権争いが混入すると、お互いの攻防戦にまで発展するのである。

まして他の宗教の尊崇の的《まと》を破壊するとなると、「人間の行為でない」と非難されても仕方がないであろう。続いて〝余録〟欄は曰く。

『▲タリバンがバーミヤンの石仏を破壊したのはこれがはじめてではない。98年、タリバンはバーミヤンを攻撃、占拠した。占領5日後、タリバンの兵士は35メートルの石仏にダイナマイトを仕掛け、顔を吹き飛ばした。さらにロケット弾で仏像の衣を傷つけ、石壁のくぼみに刻まれた精巧なフレスコ画を破壊した▲仏像ばかりではない。タリバンは映画やテレビ、ダンスを禁止した。音楽もイスラムの学習を妨げるから禁止、絵画や肖像、写真を家に飾ることも禁止した。タリバンの指導者は「われわれは預言者が生きていた1400年前のように生活することを望んでいる」と語っているという（アハメド・ラシッド「タリバン」講談社）▲特定の宗教集団が1400年前の社会と同じように生きようと考えるのは自由だ。電気も自動車もないところで暮らそうと思うのもまったく自由だ。しかし、自分たちが望むことを、21世紀の人々に強制してはいけない。お互いに寛容でありたい。巨大石仏は、巨大な不寛容の犠牲になった。』

親子三代

このように言葉の力は偉大であって、人々の人生そのものを変革し、歴史的な記念物を建設したり破壊したりもする。のみならず人や国のあり方までも支配するのである。それ故、ごく小さな言葉や、その具体化したしぐさでも、決しておろそかにすべきではない。ちょっとした「目くばせ」でも、それで人を殺したりする〝合図〟ともなるからである。

大野敏明《としあき》氏の著書に『知って合点　江戸ことば』（文春新書版）という本がある。その中に〝江戸っ子〟と言われる人達の使う言葉が解説されているが、〝江戸っ子〟は親子三代が江戸に生まれ住んだものでないとそう言われないらしい。そういった人達が江戸の庶民で、

『とくに下町に住む庶民は、地方の庶民と同様、いやそれ以上に気がよく、明るく親切で、能天気で善良であった。かれらはテレビのやくざ者が話すような品のないことばは使わなかった』

と、（はじめに）というはしがきに書いてある。そして第十章には「しぐさ」という題で、〝江戸っ子〟の立ち居振る舞いについて詳しく述べている。その中で、何故〝江戸っ子〟と言われるに三代もかかるのかは、

『江戸っ子としての立ち居振る舞いを身に付けるのに三代はかかると考えられていたからである。その立ち居振る舞いを「江戸しぐさ」と呼ぶ』（一五五頁）

という。その立ち居振る舞いを、さらに「上品《じょうぼん》」「中品《ちゅうぼん》」「下品《げぼん》」の三種類に分類し、江戸流の「上品」を身につけていくには三代はかかるからである。そして〝江戸っ子〟

は「視覚、聴覚、嗅覚《きゅう》、味覚、触覚、直感の六感が優れていなくてはいけないとされた」という。しかも、

『相手に親切で、迷惑をかけず、身分、肩書にこだわらず、遊び心をもつことが江戸っ子の条件とされた』（一五五頁）

『啖呵《たんか》を切って、威張り散らし、人に迷惑をかけるような者は江戸っ子とはみなされなかったのである』（同）

というから、多くの人の考えている時代劇風の江戸っ子とはだいぶ違っているようだ。ことに封建時代は、身分が違うということにこだわった時代であるから、肩書も大事にしたようだが、本物の〝江戸っ子〟はそうではなく、「三脱の教え」といって、年齢、職業、地位に触れないのが常道だったというから、大変すすんだ考え方であって、これこそが「粋《いき》」なのである。そこで、

『市中では身分の高い人に会っても土下座をする必要はなかった。人口が密集していたから、土下座などをしていては通行のじゃまになる。テレビだったか、映画だったか、水戸黄門が江戸のまん真ん中で葵の印籠を出すと、辺り一帯みなひれ伏すというのがあったが、そんなことをしていては市民は生活できない。黄門さんも市民に迷惑をかけ

るようなことはしないし、あり得ない』
というきびしい判定である。

江戸しぐさ

かつて日本の練習船『えひめ丸』がアメリカの原子力潜水艦に衝突されて沈没した時、艦長だか何かに「土下座してあやまれ」などといった日本人もいたと報道されたが、土下座などは論外である。江戸時代でも武士に土下座は要求されなかった。まして外国人にそれを要求するなどは、ヤボの骨頂だ。イキ（粋）の反対がヤボ（野暮）である。このヤボの生徒たちが、校長先生に土下座を要求した例も、全く大ヤボな話である。大体現代日本の責任者は、すぐペコペコと頭を下げて謝るが、こんな態度は土下座意識の名残であろう。さらに「江戸しぐさ」には、
『道路にごみを捨てたり、唾を吐いたりするのも禁止。歩行禁煙でもあった。むやみに走ることも禁止。人とぶつかって危険だからである』（一五六頁）
とある。これは現代日本の東京都その他の住民にとっても、是非守ってもらいたい項目だ。私は本部*へ出勤する往き帰りに、何回も原宿の街を歩いているが、ごみやタバコ

の吸いがらが一杯ちらかっている。原宿あたりには〝江戸っ子〟がいないのだろうか。おまけに若者も年配者も、平気でタバコを吸いながら歩いている。若い女の子も半分くらいは〝くわえタバコ〟のヤボな人たちだ。そして時々道ばたにペッとツバを吐く。これを平気でやっているから、道路にはいたる所にその痕跡が残る。しかし人間は犬が所どころに小便をするのと〝同じこと〟をしてはいけない。まして「立ち小便」などはもっての外《ほか》だが、私の住んでいる公舎の前の私道にも、わざわざ入ってきて排泄するヤボの骨頂人がいるから困る。

人前でツバを吐く行為は、相手を排斥したり軽蔑しているしぐさになることくらいは、心得ておくべきだろう。野球選手でもグラウンドにツバを吐く人がいるが、これも〝江戸っ子〟でない人たちにちがいない。タバコを吸ったり、ガムを噛む習慣も、ツバ吐きと密接に関連している。これらのクズを不用意に捨てると、あとの掃除が大変むつかしいのである。

昔はキセルのガン首に葉タバコを詰めて吸った。その吸いカスを掌に受けて、又火をつけた。これだと、紙巻タバコよりも健康に少しはましだし、「歩きながら」というのは困難だから、せめて腰を下ろして吸う恰好《かっこう》になる。このしぐさだと、火災もふせげて、ややましになるが、現代ではこのキセルとガン首もどこかに消えて、「キセル乗車」というインチキ行為だけが残ってしまったのは、文明の退化と言えるだろう。道では走らず歩けということも、ぶつかるとあぶないからだが、近ごろの通勤者は、交叉点などを渡るとき、しきりに走ってぶつかっているのだ。

非常時

しかし昔からイギリスの紳士たちも、「走らない」ことをモットーとし、「雨にもめげず、ゆったりと歩いた」というから、「江戸しぐさ」を心得ていたのであろう。もっとも英国では雨も日本ほどは降らないようだから、馬車や自動車に乗ったままのスタイルを通したと言われている。さらに「江戸しぐさ」について、「傘かしげ」も記してあるが、お互いにすれ違う時は傘を外側にかしげて、相手に雨のしずくがかからないように配慮し合った。これをやらないヤボ人種もずいぶんふえて来た。次いで大野氏の著書にはこう書いてある。

『相手より遠くに聞こえる声を出すのは火事や泥棒といった非常時だけで、大声をだすのは下品とされた』（一五七頁）

ところが、これが現代ではサッパリ通用しない。拡声機でボリューム一杯に上げながら、大声を出し、やかましい音楽を鳴らす。他人の都合など何も考えず、自己主張のみの社会が出来上がってしまい、警察もこれを止めようとしない。最近はわざわざビルの外に向けて拡声機を取りつけ、中から未熟な歌い手の卵などが変な声を出しているが、これも「江戸しぐさ」違反であり、さわがしい都会を作り出して、ストレスを多量拡大生産しているのである。

これもラジオやテレビ、ビデオの普及と共に変化した生活習慣だといえるかも知れないが、子供のころからこのような生活を当り前と思ってなじんでしまうと、都会の人々の生活態度は次第に荒れすさんで不自然になるのである。例えば兵庫県洲本市の主婦、浜田総子さん（32）の次のような投書が、平成十三年三月十四日の『毎日新聞』にのっていた。

『2歳の息子は、ビデオが大好き。毎日見ていました。私もそれをいいことにその間、趣味に没頭。しかし、先月、２人目の出産で入院中、彼を実家の母に預けました。

久々に見た息子の姿に驚きです。手、足の指はしもやけだらけ。色白だったほっぺは、あかぎれて真っ赤。

木枯らしの中、おやつを食べるのも惜しんで、母と野菜畑や温室で動きまわり、夜は今まで興味なかったブロックに挑戦していたのです。

5日間のうちにたくましくなったように感じました。

今、自宅へ帰ってきて1週間、ビデオなしの生活を続けています。不思議なことに「見たい」とは一言も言わず、遊びに集中して取り組むようになったようです。何より、私が彼から発信されてくる言葉、感情がより聞こえるようになったようです。

しばらくこの心地よい生活を続けてみようと思っています。お母さん、すてきなプレゼントをありがとう！』

土台が大切だ

ブロックというのは積み木のようなものらしいが、じかに物や自然に触れて生活するということは、とても大切な人間の基礎訓練であり、これが欠けると人間生活の土台が崩れてしまうのだ。土台が崩れると、その上に建てられた社会も文明も、やがてガラガラと音を立てて崩れ去る。大自然が災害によってその役を果してくれることもあるが、人間がその〝破壊行為〟をやり始めるから大変である。

冒頭にあげた〝仏像の破壊〟もその例だが、それより以前に起った一次、二次の世界大戦も、その後の同時多発テロや世界経済の乱れもそうである。株などという人工製品は、忽ちのうちに半額以下に下がり、さらにそれ以下にもなる。しかし、「真実の心」を大切にし、「神の国」の大道《たいどう》を歩む者には、何ら問題はないのである。

これらの人々に金銭的損失が全くないというのではない。たしかに財産としては失われたように見えても、本当は何一つ失われてはいない。もともと金銭や地位は、「神の国」に実在するものではなく、仮ものであり、仮相だからである。それ故、『甘露の法雨』にはこう記されている。

『(前略) 汝ら神の造り給わざるものを実在となすなかれ。
在《あ》らざるものを悪夢に描きて恐怖すること勿《なか》れ。
罪と病《やまい》と死とは
神の所造《しょぞう》に非ざるが故に
実在の仮面を被《こうむ》りたれども
非実在なり、虚妄《こもう》なり。
我れは此の仮面を剥《は》いで

罪と病と死との非実在を明かにせんが為に来れるなり。(後略)』

即ち神の造り給うた真・善・美のみが実在であるから、その神性・仏性は全ての人々、即ち「神の子」に、すでに備えつけられている。これから「神の子」になるのではなく、老若男女を問わず、すでに「神の子」なのである。それ故、その「本心」は、正しいコトバやしぐさによって、現実に現れてくる。平成十三年三月十五日の『読売新聞』には東京都足立区に住む高野一美さん(38)の、次のような投書がのせられていた。

『小学二年の長女が公園のベンチに置いておいた二女の手提げバッグが、なくなってしまった。「大切な宝物と家のカギ」が入っていたという。交番でも、「そんな物は出てこないと思うよ」と言われ、長女の目に涙が浮かんだ。そこで、「バッグを持っていった人は返して下さい」などと書いた紙をベンチに張った。

すると翌日、ベンチにバッグが置いてあった。二女は「返してくれたんだね。なくなった物、全部入っているよ」とうれしそうに言った。私も、事情は分からないが、張り紙を読んで返してくれた人の勇気に感銘した。子供たちと、悪いことをした時は、素直に謝る勇気も必要なことなどを話し合った。そして、今度は「本当にありがとう」と書いたお礼の張り紙をした。』

このように、ドロボーした人にも「本心」があり、その心が、小さなコトバやしぐさから吹き出して来て、善い行いとなるのである。これはごく小さなしぐさやコトバが、決して無力ではなく、無意味でもないことを示している。人はとかく大きな事業をやらないと「男がすたる」とか「夢がない」などと言い張るが、どんな悪事を働く人も、何らかの夢をもって、大きなインチキをやったり、莫大なワイロを贈るのである。

しかし小さなコトバやしぐさには、すぐ〝本心〟が乗り移る。それは豪華客船にはめったに乗れないが、「傘かしげ」ぐらいなら、誰にでもできるし、気持のよい社会が作り出されて行くことを体験できるからである。

「お早う」

とあいさつを交すだけでも、そこにはすぐ地上天国が現れてくる。相手がどう反応しようと、そんなことは気にしなくてもよい。株の上下にヤキモキしなくてもよいように、安心して「小さなよいこと」を大いに積み重ねて行こうではないか。

＊本部＝東京都渋谷区神宮前一－二三－三〇にある生長の家本部会館。

III　神様の世界とは何か

仮相と実相

仮相としての人生

神様の世界には、不完全なものは何一つない。従って戦争も、病気も、貧乏も、毒殺事件など何もないのである。しかし現象界には神様の世界の全てが現れて来ていない。それは三次元空間や四次元の時空間《じくうかん》といった、制限された〝仮《かり》の世界〟即《すなわ》ち〝仮相《かそう》〟だから、〝実相〟（実在）がそのまま出て来ないのである。

しかし神様の世界こそが実在するのであり、現象界は映像（仮相）だから、この映像（又は影像）を見ると、人はなるべくその欠点を取り除こうとする。丁度昔の人が池に映った自分の姿を見て、自分の姿形を整えようとしたようなものだ。やがて鏡が作られるようになると、その鏡に映った姿を見て、形を整え化粧などした。その鏡も最初のころは凹凸がひどかったから歪んで映ったが、次第になめらかな鏡になったので、正しい姿が見えるようになったのである。しかしまだ左右が逆にしか見えていない。

さらには写真の技術が発達して、その映像で「誰々さんだ」と分かるようになった。そしてこの技術もだんだん進歩して来て、カラー写真がとれるようになったが、まだその映像は本物の人間というわけではない。しかし他の人には、

「これは私の父です」

などといって写真を見せるのである。相手は、

「あなたの父上は、こんなに小さくて、うすっぺらなのでしょうか？」

などと聞きはしない。それは本物ではなく、「映像だ」と判っているからである。そのように吾々《われわれ》の肉体も、本物の人間、即ち「神の子・人間」という実在ではなく、あくまでも肉体という映像だからである。しかしこの映像の人生を見て、吾々は本物の「神の子・人間」をあらわそうと努力する。人はそのためにこの世に生まれて来たということができるのである。

言い換えると人がこの世に生まれ出るのは、「人生学校」へ入学するといってもよい。そこで色々の体験を通し、本物の「実在界」をあらわし出そうと努力する。しかしどう

しても完全には現し切れない。というのは肉体の生存期間は百年前後と限られているからである。

遺訓

従って、肉体が死ねば、又次の世（次生）に生まれ出るのである。次生が終っても、さらに後生に出てくるし、後生の後にも次々と後生が体験され、この「人生学校」はどこまでも続くのだ。

では何故こうして人はみな実相を現すことに熱意を示すのか。それは実相をあらわし出すことが悦びであり、たのしくて愉快だからである。沢山の才能を持っているから、それを現すことがたのしみであり、人々は次第に〝生涯学習〟などに精を出す。そこで八十歳になって、再び学士入学をして、新しい才能を出してみようという人も現実に出て来たのである。

そのような訳で、人は生まれた時よりも、歳をとって晩年になった時の方が色々の能力が出て来ているし、分別がつき、神の子の本質が多少なりとも分かって来ているはずである。それは心の中の自覚だから、外見的には衰えたり、記憶力や体力がにぶっているように見えるかも知れないが、本当は「もっとこうしたらよかった」とか「自分の一生は失敗だった」とか「次の世ではこれこれをやりたい」などと思うものである。

それはこの肉体人生が全てではなく、「人生学校」の中の初等科の一学級にすぎないことを知るからである。そこで、今までの人生を省みて、自分のやれなかったことや、やりたくても中途半端であったことなどを残して死ぬ。中には〝家訓〟を著して、子孫に教えたりすることもある。それは彼自身がやれなかったことであったり、やりたいができないで終り残念だということもあるから、とても立派な遺訓であることが多い。それ故、

「できるだけ放蕩をして、でたらめを自由と心得るべし」

というような家訓は見当らないのである。日本人ならだれでも知っている武将に、織田信長と豊臣秀吉と徳川家康という有名人がいるが、いずれも戦国時代に生き、かつ天下統一の目的に向かって活躍した人たちだ。この中で徳川家康はその後の徳川時代全盛期を築き上げた成功者だが、その〝遺訓〟には中々よいことがのべてある。即ち、

『人の一生は重荷を負って遠き道を行くが如し。急ぐべからず。不自由を常と思えば不足なく、心に望みおこらば困窮したる時を思い出すべし。堪忍《かんにん》は無事長久《ちょうきゅう》の基《もとい》、怒は

敵と思え。勝つ事ばかりを知って負くる事を知らざれば害その身に至る。おのれを責めて人を責めるな。及ばざるは過ぎたるより優れり。』

人には長命の人や短命の人など色々あるが、家康は天文十一年十二月二十六日に生まれ、元和《げんな》二年四月十七日に死去した。西紀一五四二年から一六一六年までだから、約七十四年の長命であった。その間文字通り〝重荷〟を負って、遠い道のりを歩んだ人であり、あまり急いだ形跡はないようだ。ただ最後の数年は大坂の陣で秀吉の遺族を亡ぼすという無駄な戦いを行ったが、これも当時は家康が何時死ぬか分からぬから、自分が生きている間に家系の安泰を計ろうという執着心をつのらせたためであろう。つまり彼もまた道遠くして、いまだ悟りには達していなかったのである。

待つことの大切さ

不自由に堪えたかどうかというと、家康の出生《しゅっしょう》は秀吉とは大ちがいで、三河《みかわ》の岡崎城主松平広忠の長男として生まれ、幼名を竹千代といった。しかし幼いころから駿河《するが》の今川義元の人質となり、不自由な暮らしを強いられたのである。従って「不自由を常と思う」ことを生活の中で教えられたのに違いない。「神の子・人間」なる実相人間は自由そのものであるが、現象人間はその仮相だから不自由である。近ごろの子供のように、幼いころから何でも自由にさせてもらい、食事も好き嫌い勝手気儘《きまま》というような少年少女とは大違いだ。これでは決して「困窮した時を思い出す」ことはできないから、すぐカッとなったり、親や社会に反抗したりする人間に育ちやすい。

そんなことでは堪え忍ぶ力が養成されず、とかく我儘《わがまま》となり、すぐキレてしまい暴力をふるったり、欲情のままにつっ走るということになりやすい。「怒りは敵だ」と思えなくなるのである。「怒」という字は、奴（奴隷）の心、つまり不自由な束縛された心であり、逆に「恕《しょ（じょ）》」は如意自在《にょいじざい》の心であり「如《にょ》」（真如）の心ということで、〝ゆるす〟とも読む。これこそが人間の〝本心〟でありかつ真の〝味方〟なのである。

こうして家康が今川義元の人質としての不自由さに堪えているうちに、義元は織田信長によって滅ぼされた。これが永禄三年の桶狭間《おけはざま》の戦いだ。そこで家康は岡崎に帰って自由の身となり、その後信長と同盟を結ぶのである。やがて三河と遠江《とおとうみ》を制圧して浜松に居城《きょじょう》を移した。しかし三方《みかた》ヶ原《はら》の戦いで武田信玄に惨敗したのであった。

即ち勝つことばかりではなく、負けることも知ったのだ。戦国時代の敗け戦は生死にかかわるが、現代では敗けると言っても仕事の上で得意先をとられたり、昇級が遅れて、後輩に先んじられたりするくらいで、大したことはない。このような時でも「恕」ではなく「恕」の心、真実そのままの心にたちかえり、相手の成功を祝福してあげるくらいの豊かな心を現し出せば（これも練習が必要だが）、必ずいつしか幸運に恵まれ、その善業があらわれ出るのである。

やがて家康は武田信玄の死後天正三年（一五七五年）に信長との連合軍によって武田勝頼《かつより》（信玄の四男）に大勝した。さらに信長と同盟しつつ武田氏を攻め、信長から駿河の国を与えられた。こうして信長はその後本能寺の変で明智光秀の襲撃を受けて自害するが、それまでの間信長も勝ち戦《いくさ》ばかりではなく、何回も敗戦を経験している。それ故、巷間では、信長のことを、

「啼《な》かぬなら殺して仕舞《しま》え子規《ほととぎす》」

とうたい、秀吉を、

「啼かぬなら啼かして見せよう子規」

と言い、家康を、

「啼かぬなら啼くまで待とう子規」

とうたったが、それは彼ら三人の一生を概観したまでのことで、夫々の武将にはやは

り堪えたり、敗けたり、さらに勝利したりするという激しい〝教訓〟が与えられたのであった。従って家康を〝勝ち馬に乗った男〟という大ざっぱな見方で捉《とら》えることは不適当であり、神の如くあがめて〝大権現様《だいごんげん》〟と称《たた》えるのも行きすぎであろう。

とかく人々は現実の肉体人生を完璧視《かんぺき》すると間違うのであって、常に人々は色々の解決すべき課題に応えて、進歩向上の道を歩むところの「人生学校」の研修生なのである。それ故、家康もまた転げこもうとする天下の大権を、豊臣秀頼《ひでより》の方に回して「さらに待つ」というような上級の方策をとらず、秀吉が死に直面して秀頼の後見を家康に託したのを裏切るような大坂の冬夏の陣を起したのであろう。まことに気の毒なことであった。

勝者と敗者

よく人は「死ぬまでに何とかこの仕事を片づけて、家内安全家業安泰を計りたい」と思うものだが、これもまた一種の煩悩である。何故なら、人生はこの現世だけで終るのではなく、後にいくらでも「人生学校」は続くからだ。しかも永続する「人生学校」には、必ずその人の自覚しかつ行じただけの「業の結果」が出てくるからである。

それ故、もし家康が大坂の陣を起さず、天下をとることなく死んだとしても、その方が善業を積んだ者としての功徳《くどく》は大きく、次の世における〝人生学級〟はずっと上位でありえたと思われる。即ち真の敗者と勝者とは、表面的なものではない、勝って敗け、敗けて勝つということが、いくらでもありうるのである。

これは現代でも言えることで、日本はかつて大東亜戦争（太平洋戦争）で、連合国の軍隊（主としてアメリカ軍）に手も足も出ないほど完敗した。その結果、マッカーサー司令官によって日本は占領され、憲法を含む各種の法律まで改変され、教育制度も変更させられた。その敗者である日本は、しかしその後の努力によって経済的に立ち直り、少なくとも貿易の黒字面ではかつてアメリカを凌駕《りょうが》するにいたったのである。

これだけではまだ対アメリカ的〝勝利者〟ではなく、数多くの点で追いつき追い越せとやっている最中だが、現在進行中の行財政改革が成功すれば、多くの面で世界的国家として、勝利すると考えてもよい。しかし今はまだ経済的には大いに困窮して、構造改革に努力中といった所である。

ただしこの件は勝ち負けを論ずるような問題以上の高度の目標に向かって進むべき課題であるが、要はいかにわが国民が「真の宗教」に目覚め、万人にやどる神性・仏性を自覚するかどうかにかかっている。実をいうと徳川家康も、仏性は万人に宿るものと信じていたような節《ふし》があり、山岡荘八氏はその点を『徳川家康・春雷遠雷の巻』（講談社）で小説化して書いておられる。

さらに又家康は天皇陛下と将軍職の件について、信長や秀吉とは少し違った見解を持っていた。即ち祭政一致ではなく、天皇陛下は政治に関与されず、政治と軍事はもっぱら将軍職にまかせ、祭り事のみを司《つかさど》るお方として、現在の日本国的な考え方の持主であった。しかし勿論軍事力を制限するなどという愚《ぐ》はおかさず、大いに発揮したのだが、秀吉のように朝鮮半島出兵などという愚は冒《おか》さないという知性は保持していたのである。

神と自衛権

生長の家では戦争については、これを神の創り給うたものとは認めないのである。神の国、即ち実在界には、戦争も病気も犯罪も貧乏もないのである。それが〝本当の世界〟であるからこそ、世界中の人々は、そのような世界を求めている。もし神の国に戦争や病気があるならば、それをなくしたいと思う人々が出てくるはずはないし、いくら戦争や疾病を防止しようとしても、成功しないのだ。

しかし現象世界は、前述の如く神の国そのままではなく、特に物質世界はその三次元的な映像であるから不完全であり、その結果愛し合うべき国と国との戦いが起るのだ（そう見えてくると言った方がよい）。しかもそれを防止するための軍隊や病院などが設立され、そこで働く人々も多数活動する。その〝活動力〟を制限するということはありえないのである。

勿論、侵略行為はやるまいと制限する。それは自己内在の神性が現れ出るからだ。しかし軍隊や自衛隊は持つのである。何故なら、神の国には疾病はないし、死もないが、現実世界には病院があり、葬儀場があり、墓地があり、死者の魂の供養が行われるようなものだ。病院の医師や看護婦さんが懸命に働いて病気を癒そうとする行為を無視したり阻止しようとする愚か者はいないだろう。こうして大金を投じて脳死者からの内臓移植までやろうとする。

しかもこのような作業には、国内の医者や病院関係者ばかりではなく、外国の病院からも援助があり、ヘリコプターや凡ゆる乗り物が協力するのだ。それと同じように、万《まん》一《いち》国家が侵略をうけるということになると、自衛隊や軍隊は動員される。しかもその国内の軍隊ばかりではなく、同盟国の軍隊も動員されるのである。

それが集団的自衛権の行使であり、しかもそれが各国の「固有の権利」であることは明白である。即ち「国際連合憲章」には次のように記されている。

『**第五一条〔自衛権〕** この憲章のいかなる規定も、国際連合加盟国に対して武力攻撃が発生した場合には、安全保障理事会が国際の平和及び安全の維持に必要な措置《そち》をとるまでの間、個別的又は集団的自衛の固有の権利を害するものではない。この自衛権の行使に当って加盟国がとった措置は、直ちに安全保障理事会に報告しなければならない。また、この措置は、安全保障理事会が国際の平和及び安全の維持又は回復のために必要と認める行動をいつでもとるこの憲章に基く権能及び責任に対しては、いかなる影響も及ぼすものではない。』

ところが日本では現在集団自衛権はあるにはあるが、それは憲法上「使用できないと解釈される」とされている。この解釈は官僚の解釈をそのまま政府が認めただけのことで、その認めた時の与野党の政策上の取り引き材料だったことなのである。

このような一方的解釈だけで、わが国の「固有の権利」が実行されないでいるような現状は、即刻打破されるべき迷妄《めいもう》というべきであろう。

今まさに徳川家康、豊臣秀吉、あるいは織田信長が生まれ変わって出生していたら、どのようにすぐれた日本国が再建されていたであろうか、と思いを回らさざるを得ない次第である。

大統領の信仰について

性善か性悪か

かつて世界中の人々が関心をもって見守っていたアメリカ大統領の選挙は、その結果の発表が大いに手間どり、やっとジョージ・W・ブッシュ氏にきまったが、途中の過程では中々勝敗が決まらず、うんざりするような長丁場だった。しかし最後になるとアル・ゴア氏もブッシュ氏も、共に神の祝福が国に与えられんことを祈ったり、述べたりした点で、アメリカ人の信仰的態度の一部を示してくれた。

それにくらべると、わが国では、政治家や立候補者が、公式に「神」や「仏」を口にすることはなく、たまに森前首相が「神の国」と発言しようものなら、たちまち蜂の巣をつついたような批判の声がまき起り、森首相の発言の真意すら覆《おお》いくらまされるばかりか、内閣の支持率まで急降下するという有様で、その日米対比の相違には、あきれ返るばかりであった。さらにその後小泉首相が靖国神社に参拝したというだけで、国内外から批判されたという現象までおきたが、政界首脳に信仰の自由がある国とない（欠落している）国との差が際立っていた事件であった。

そもそも民主主義が正しく機能するためには、国民大衆が「正しい判断をなしうる」ということが前提であり、そのためには正義とか人道が何たるかを知っていなくてはならないのである。人間性については、よく孟子《もうし》の性善説と、荀子《じゅんし》の性悪説が論議されるが、人間が本来「性悪者」であるならば、多数決の結果が「悪」の方に傾くことは当り前であろう。そこで正確に民意が問われれば、〝性悪的大統領〟や首相が選ばれるはずである。

そこで当然民主主義の国家では、「性善説」を採るはずであり、その善なるものの最高善を「神」として礼拝し、人々はその「神意」を祈るということになるのである。それならばもし日本国が民主主義国として正しく成長するためには、もっと国民の多数が「神」や「仏」に敬意を払い、首相を選ぶ時でも、彼がいかに正しい神観を持つか、仏の慈悲をいかに政治に生かそうとするかを、何らかの形で考慮しなければならず、当人もそれを公表すべきが当然と思うのだが、現状がこれに反しているのは、まことに残念なことである。

敗北から立ち上がる

ところでジョージ・ブッシュ氏が大統領になったのを機会に、彼の書いた著書を読み、彼の信仰姿勢がどの程度のものであったのかを知りたいと思い、同氏の書いた五十四歳までの自伝『ア・チャージ・トゥ・キープ』(A Charge to Keep) の日本語訳を読んでみた。『ジョージ・ブッシュ』(私はアメリカを変える) という扶桑社から出している訳書がそれで、その約三分の二が原文による藤井厳喜氏の翻訳だそうだ。

この中で、ブッシュ氏はこの本の原題名は、チャールズ・ウェスレーが作詞した讃美歌、A Charge to Keep I have (守るべき我が使命) からとったものだと書いている。しかもこれは「日本の読者へのメッセージ」と題する訳書の冒頭の序文に書いてあり、さらにその最後には、

『米日の偉大な二つの国家に、神のご加護のあらんことを。ジョージ・W・ブッシュ』

と記されていた。彼は米大統領になるまでは、テキサス州の知事であったが、その知

事に就任した当日のことがこう書いてある。（八〇頁）
『就任式の当日は教会での祈りから始まった。その日、私が選んだ讃美歌の一つはチャールズ・ウェスレーの“A Charge to Keep I have”である。

追い求め続ける我が使命
神の栄光を讃え
救済されるべき不死の魂を
天国に相応しい様に整えよ
今の世にありての
我が果たすべき天職よ
我が持つ全ての力を以って
神の御心を実現させ給え』

さらに付け加えると、州知事でも大統領でも、その就任式には〝聖書〟に手をおいて神に祈りを捧げるが、この時の聖書は、自分所有の聖書でもよいのだそうだ。ブッシュ氏はたくさんの牧師の説教を各地で聞き、トニー・エヴァンズ牧師やT・D・ジェイク牧師の説教に感動し、説教壇で話をしたこともあった。

『たくさんの力強い教えや、感動的な教え、そしてつまらない教えも聞いてきたが、マーク・クレッグ牧師の教えは私に非常な感銘を与えた。それは私の人生を変えるほどであった』(二〇頁)

この説教の要旨は、「今からみなさんに八万六千四百ドルをあげましょう。ただし今日中に使い切ることです」という条件付きの進呈だ。一日に全部使い切る、少しも残さず、完全にという所がミソなのだが、実はそれはお金ではなく時間のことだ。一日の時間、二十四時間を秒で換算すると、八万六千四百秒になるのであって、一秒も無駄にするな、「そして、躊躇《ちゆうちよ》せずに臆病を捨て去り、勇気を持って毅然《きぜん》と挑戦に立ち向かいなさい」ということであった。これを彼が二度目の州知事の就任式の行われる二時間前に、家族や友人と共にオースチンの教会で聞いたと書いている。

彼の弟のジェブ・ブッシュ氏は、フロリダ州知事に立候補(一九九四年)し、この年は敗北した。しかしジェブは「むしろ敗北は、自分を大きくさせた」といい、ジョージ・ブッシュ氏自身も一九七八年の下院議員選挙で落選したのである。しかし兄弟ともに「敗北は人を謙虚にする(兄)とか、大きくする(弟)」とかと主張している。そしてやがて弟はフロリダ州知事に当選し、兄はアメリカ大統領にも就任したのだった。

人生を楽しむには

『ジェブは演説の中で、信仰、家族、そして友人について雄弁に語った。彼は言った。「信仰を持ち、家族と友人を大事にすることにこそ、人のあるべき生き方が言い尽くされている。人々が忠誠心、憐れむ心、寛大な心、そして思いやりの心を持って団結するときこそ、個人ではできない力を発揮できる」

信仰、家族、そして友人が、寒い一月の就任式の日に一体となっていた。ちょうど、私の人生の重要な出来事のときにいつもそうであったように。それらは、父の副大統領と大統領としての十二年間を支え、導いてくれたものでもあった……』（同書二一七頁）

このような信仰と家族的団結とがアメリカの力の根底にあることを忘れ去り、彼らを唯物主義者で、家族民族バラバラの巨大国家であると盲信していてはとんでもない誤算に陥るであろう。さらにブッシュ氏は言うのである。

『私は、人間の英知を超えた神聖な御心を信じていなければ、州知事にはならなかった。政治は一寸先が闇である。世論調査の結果は絶えず変わり、昨日の友は明日の敵という世界だ。人々は指導者に注目し、褒《ほ》め称《たた》えることも多いが、時には指導者を蔑《さげす》むこともある。

しかし私は、自分の人生を揺るぎない信念をもって歩んで来た。信仰は私を自由にし、問題に直面したときには、進むべき方向を示してくれた。信仰があったからこそ、人々が好まない決断もできた。そして信仰に基づいて、世論の人気がないことでも、正しいことと思うことは断行した。さらに、信仰があるからこそ、人生を楽しむことができた……』(二八頁)

そこで彼はテキサス州の知事時代に、観衆に向かってこう言っている——

『次の世紀は、我々が自由市場、自由貿易、低い税率、そして小さな政府の政策を取る限り、テキサスにとって素晴らしい世紀になると演説した。そして我々が挑戦しなければならない、大きな課題についても話した。

「我々の子供たちは将来、物質的な意味ではより豊かになるでしょう。しかし、子供たちのモラルと精神が、より素晴らしいものになるかが、我々の直面する大きな課題です。富や技術力さえあれば、豊かな社会であるのではないのです。豊かな社会とは、人々が共有する価値観の高尚さにあるのです」

……基本的価値観とは、一生懸命働くことであり、嘘をつかず、人を騙《だま》さず、人から

盗まず、そして、人を尊敬し、人の所有物を尊重し、人の意見を尊重することである……』（三三頁）

このような考えからブッシュ氏は、大統領選挙中、若いころの飲酒運転で罰せられたことなどが、ゴア陣営やマスコミで報道された時も、この失敗を隠そうとはしなかった。さらに州知事選挙で現役のリチャーズ知事（女性）に挑戦し、「ばか者」と呼ばれて、まさに敗北寸前の時、彼が野鳩と間違えて、禁止されていた鳥を射撃した事件があった。

それは銃規制の問題とも関連していたので、狩猟解禁初日だったとは言え、大いに選挙に影響する状勢だった。しかし保護されている鳥を撃ったと判ったとき、彼は直ちに正直に言おうと言って、届け出て罰金を支払った。そして同行していたリポーターたち全員に電話をかけて、その事実を告げ、午後には記者会見も開いて発表し、

「いや参ったよ。だけど、鹿狩りのシーズンでなくてよかった。もし鹿狩りだったら、牛を撃っていたかもしれないからね」

と言って皆で笑ったのである。そしてこの事件は選挙に悪い影響を与えず、かえって彼の人柄のよさを認めさせる結果となり、この知事選によってテキサス州の知事となる

ことが出来たのであった。やはり一国の首脳となる人々には常にその「人柄」が問われるのである。

幼少年時代

このように、明るい心と正直とは、政治家のみならずあらゆる職業人にとって、とても大切な「宝」である。しかもブッシュ氏は相手の欠点や悪行を言いふらさず、常に政策や主義主張をもって勝負しようとした所が、彼が「人柄がよい」という評価となって、大統領選にも大きくプラスしたということが出来るであろう。

さてブッシュ氏はこの「自伝」の中で、幼少時の思い出を書いている。彼はテキサス西部の小さな町ミッドランドの小学校に通学した。そのころ妹のロビンが白血病で死んだ。その後彼は父母を勇気づけようとして、冗談を言ったり、母のことを心配して外に遊びに行かず、家の中にいたということだ。ロビンが死んで数週間後に、両親と共にフットボールの試合を見に行った。そのとき彼は、「自分がロビンだったらなあ」とつぶやいた。父がまっ青になって、なぜそんなことを言うのかと聞いたところ、ジョージ少年は、

「ロビンは僕らが見ている席よりも、試合がよく見られる天国にいるんだもん」と答えたということだ。そして彼は妹を亡くしたことによって、「命があることを当たり前と思ってはいけないことを学んだ。そして死に対する恐れよりも、人生に何が起ころうとも前向きに受け入れ、毎日を一生懸命生きることを決心した」(訳書四一頁)と書いている。こうして少年時代の彼は野球に明け暮れた。ミッドランドは気候が暑く、乾燥している埃《ほこり》っぽい町だ。

『その頃はみんなで一緒に遊んだものだった。そして、親たちは自分の子供以外にもしっかりと目を配っていた。母親たちは、他人の子供でも悪さをしているのを見つけたときは、自分の子供と同じように叱ったものだった。ミッドランドの素晴らしさは、母親たちが他人の子供を注意することを、同じコミュニティーに住む親としての権利であり、義務であると感じていたことである』(四四頁)

『ミッドランドでは第一長老派教会に通っていたが、ヒューストンに移ってエピスコパル教会に通うようになった。私の父はもともとエピスコパル教会で育ったのであった。セント・マーチン教会で行われる朝八時からの聖餐式にも出席した。教会の荘厳な式典は素晴らしかった。その頃から信仰への目覚めが始まった』(四六―四七頁)

このように幼少時代に受けたしつけや教えは、深く身心にしみこむものだから、信仰もまた大人になって、死にかかってから始めるのではいかにも遅すぎる。もしそうだと今生の人生の大半は失われてしまうし、万一間違った教えに足をふみ込む人々は、とんでもなく偏《かたよ》った人生を歩み、落伍者になるか、失楽園をさまよう者になる外はないからである。

アメリカでは今でも他人の子供でも、自分の子供と同じようにしつけようとする所が多く、子供を独りで家に置きっぱなしにすると処罰される法律があったりする。それをまた隣人が通告したりするのだ。日本でも昔はそういった風にお互いに助け合い、孤立した子育てはしなかったものだ。何故なら「子供は国の宝」だからである。もし父母が教育に無関心ならば、彼らは「国宝を傷つける犯罪者」と呼ばれても仕方がないであろう。

基本的価値観

さらにブッシュ氏はこの「自伝」の第五章で、「人生最良の決断」と題して、ローラ夫人との結婚の話を書いている。

『私の妻は魅力的で、陽気で、よく笑い、現実的で、頭脳明晰《めいせき》である。私たちの友人であるジョーとジャン・オニール夫妻が私に内緒で相談して、私たち二人を彼らの家の夕食に招待してくれた晩、私は彼女のこうした特性をはっきりと、たぶんこの順番で認識した』(一〇〇頁)

つまりこれは日本での見合いのようなものといってもよいだろう。ところがローラとジョージとはミッドランドで一緒に育っていたというのである。家は半マイルほど離れていたし、小学校は別々だったが、同じ中学校に通学していた。しかし一年生の時、彼はヒューストンに引っ越し、彼女はミッドランドに残り、ミッドランド・リー高校を卒業した。彼はアンドーバーのフィリップ高校から、さらにエールからハーバード大学に進んだ。彼女はテキサス大学に行っている。又「不思議な運命の巡り合わせで、私たちは一九七〇年代の初めにはヒューストンの同じアパートに住んでいたこともある」というが「その時点では決して交わってはいなかった」(一〇二頁)のであった。

こういうことは時々あるが、私も学生時代、本郷の大学に通うために、いつも中央線のお茶の水駅で下車していたが、そのころ家内もやはりお茶の水駅で下車して、当時のYWCA駿河台《するがだい》女学院に通っていたのだ。しかし決してめぐり合ったことはなく、私は

「生長の家」のせの字も知らず、神仏を否定するオロカモノだったのである。これも幼いころの宗教教育がなされていなかったせいであろうが、その点ブッシュ氏は恵まれていた。

ブッシュ氏とローラさんの性格は「かなり違った」という。

『彼女は落ち着いていて、私は落ち着きがない。彼女は忍耐強く、私は忍耐力に欠ける方だった。二人のスタイルの違いが、二人の距離を広げていたのも事実だ。しかし私たちは基本的価値観を共有していた。私たちがともに育った西テキサスが教えてくれたこと。それは、各個人は平等であり、同じ重要性をもっており、同時に良き隣人、良き市民であるべき責任も負っている、ということである。私たちは読書が好きだったし、友人とともに時間を過ごすのも好きだった。そして私たちはすぐにお互い恋に落ちた』(一〇一―一〇二頁)

このように、夫婦というものは、似ていると共に違っているのである。それは磁石や電池の両端のようなものだ。これをよく知っておくことが家庭調和の秘訣であり、円満な家庭なくして事業も行政も、学術研究も、健康管理や育児などはうまく行かないのである。最後にジョージ・W・ブッシュ氏はその演説の中で、神観についてはこう述べている。

『我々一人一人に価値があり、我々は神によってつくられ、神の下に平等である。すべての市民は成功するための平等な機会を持っていることを知らなければならない。希望を失った人々に、彼らは運命によって過酷な状況にあると言っても始まりません。彼らが自分自身の存在価値を知り、人格の尊厳に目覚め、そして政府からではなく、神から自由な意思を与えられていることを知ったときに初めて、彼らは希望を持つでしょう……』（同書三四頁）と。

自由を得るために

不自由な現実

人が自動車に乗って郊外に出ると、かなり自由に各地を走り回ることができる。しかし高い山に登るには限度があり、急な階段は登れないし、海や大河を渡ることはできない。どうしても自動車を下りて、船や足にたよらなければならなくなる。ことに昔だと馬に乗るか、わらじを履いて歩く外はなかったのである。

幸い現代ではジェット機やヘリコプターもあるが、それでも自由自在に「どこへでも行ける」ものではない。電車にしても地下鉄でも同じことだ。つまり「ある程度は不自由」ということである。ことに生れた時から手足が不自由だったら、その人の不自由の度は大きいだろう。健康な肉体でも自由にいくらでも生きられる訳ではなく、男女の性別も自由には変えられない。

しかしこれは、肉体が不自由な道具だということで、〝人間そのもの〟が不自由なものということではない。人間の本質は、もともと自由自在であり、不死不滅の「神性」であり「仏性」である。そこで全ての人々が心の底から〝自由〟を求め、〝平等〟を求めるようになるのである。けれども、その理想郷はこの現実界には見当らない。何故なら前に述べた如く、現象界は仮相であって本物ではないからである。

そこで当然〝肉体的には〟全ての人々に〝不自由〟や〝不平等〟がつきまとう。それをどうやって克服し、より自由で平等な生活を現し出して行くかということが、人生の大きな課題となる。とくに戦争とか人種差別の問題に直面した場合、この課題には深刻なものがある。現代の日本人には戦争の時の切迫した決断力も要求されはせず、人種問題で悩む人々も多くはないだろう。

しかしかつての第二次世界大戦では、徴兵制で応召したり、学徒動員でいやおうなく戦地に赴いた人たちも沢山いた。さらに大東亜戦争（太平洋戦争）に直面した時には、軍人としての任務と、戦争反対の気持とのギャップで苦悩した人もかなりいたのである。当時有名な山本五十六《いそろく》連合艦隊司令長官もその一人であったことは、以前紹介した通りである。*

山本元帥のこと

ところが平成十三年九月号の『正論』という雑誌に、山本元帥の長男の山本義正氏が、同元帥の「最後の晩餐と遺書」という手記をのせておられた。その中にこう書いてある。

『(前略)米国より帰朝して鎌倉に住むようになった父は相変わらず忙しかった。それでもごくたまに人気のない寺々を散歩したり、由比ケ浜、材木座、片瀬江ノ島へ海水浴に行ったり、キャッチボールをしたりすることもあった。兄のような甥、力の死により中学時代から大切なのは健康である、と体力作りに努力した父は、その甲斐があって晩年まで体力を維持することができた。中学時代から米国人に習った野球は本物であった。父は日露戦争の日本海海戦を体験した数少ない現役軍人で、軍艦「日進」に乗り組み、艦橋で敵弾が炸裂した時、破片で左手の人差し指と中指を失い、右腿の肉をえぐり取られた。グローブをはめる左手には指が三本しかなかったが、難しいショートバウンドのゴロでもシングルハンドでさばいてしまうほどだった。

鎌倉時代、父は航空母艦「赤城」の艦長、第一航空戦隊司令を務め、後にハワイ急襲部隊の中核となった航空部隊の強化に力を尽くしていた。戦艦を中心とした艦隊決戦などあり得ない、航空部隊が主になって戦う決戦となろうことは、既にこの時代から父の頭にあったことと思う。（後略）』

肉体的には指二本を失うと大変〝不自由〟であったろうが、それを克服して軍務に尽されたというのである。さらに曰く、

『盧溝橋事件に端を発した日中戦争の勃発、日独伊三国同盟問題と、日本は世界での孤立化を深めていった。父は当時、米国の真の戦力、国力を知る第一人者だったと思う。「米英討つ可し」「無敵海軍」などという無責任な言葉を苦々しく思い、三国同盟には反対だった。「内乱が起きても国は滅びない。しかし、ドイツやイタリアと結んでアメリカを相手に戦争に突入するようなことになったら、国の破滅だ。それだけはどうしても避けなければならない」というのが父の考えだった。何度も閣議が開かれたが、その都度、父は反対の自説を譲らず、そのために「海軍の弱腰」が非難され、父には親米派という悪評が強くなった。』

この日米開戦反対論は米内《よない》光政海軍大臣も支持されたが、あまり公にはされず、米内

氏は大臣をやめたが、山本氏は〝次官〟として海軍の要職にとどまった。しかし、『米内さんは、父を連合艦隊司令長官として海上に移した。昭和十四年のことである。後年、この人事について米内さんは「あの時、山本を次官にとどめておいたら、殺されていただろう」と述懐した。（後略）』

〝殺される〟いうのは、「右翼の壮士と称する」人々によってである。こうして遂に開戦の十二月八日を迎えるのだが、この航空機による米艦隊攻撃を立案指導された山本長官は、七日付の及川海軍大臣に宛てた手紙に、

《「自分が連合艦隊を直率して作戦をやる」旨のマル秘の文面がある。読んだら焼却してくれという父の意志通り、及川海相は焼いたそうである。しかし、不思議なことに大臣一人のみと書いた手紙の写しが残っている。この手紙で「勝敗は第一日において決するの覚悟が必要」と結んでいる。

また、この年の四月、郷里の友人に「又本年中に万一日米開戦の場合には『流石に五《い》十《そ》サダテガニ』と言わるる丈《だけ》の事はして御覧に入れ度《た》きものと覚悟致居候」と書き送っている。開戦になれば、さすがに五十六さんだけのことはあると言われるような戦いをしてみせる、と決意を披瀝したものである。》

コリン・パウエル

この長官のように戦争という国家の行動に反対であっても、その渦中に投げ込まれた者は、その限られた任務の中で最大の努力をして、一刻も早く和平の実現を目指すのが〝使命〟となる。現在の日本では、このような運命はありえないと思われるかも知れないが、だからといって単に安楽や快楽追求に溺《おぼ》れていては、〝魂の向上〟は進まず、やがて悪業の果を招いて、不幸な人生の終末を迎えるだけに終るのである。

山本元帥は肉体的な不自由は「指三本」だったかも知れないが、その全身は〝戦争遂行〟という「不自由」な命令の渦中に投げ込まれた。そのような大きな「不自由」に投入された人としては、黒人たちがいる。これらの人々は「肉体」という道具の色が黒かったというだけで、その中味は「神の子」であり、完全円満ないのちである。それが過去の歴史においては、「一段劣った者」として差別された時代があったのだ。

しかしこの「無法な差別」を、どうやって克服し、立派な人生を展開して行くかという課題は、現在でも残されている所があるかも知れない。ところがアメリカ合衆国で、現在国務長官として大活躍をしているコリン・パウエル氏（Colin Powell）は、ジャマイカ系移民の子として、ニューヨークのハーレムに生れ育った人だ。それがアメリカの大統領直属の国務長官にまで登りつめたのは、一口にいうと「苦闘の人生」だったと想像される。ジャマイカはキューバの南方にあるイギリス植民地の島国だが、彼の祖先はアフリカの黒人で、それにイギリス人、ユダヤ人、アイルランド人、スコットランド人、さらに多分アラワク・インディアンの血が流れている母方の祖母（グラム・マッコイ）を持っていたと、『自伝』（『マイ・アメリカン・ジャーニー』角川書店版）には書いてある。

『父は二十代の前半にジャマイカから移住してきた。私が生まれるより一七年前に、家族と離れ、商店の雑役仕事をやめて移住してきたのだ』（一八頁）と。

この父（ルーサー・パウエル）はまず庭師として働き、マンハッタンの衣料メーカーの倉庫で働き、昇進して出荷係となり、やがて主任となった「愉快なおじさん」だったという。母はモード・アリエル（アリー）・マッコイ・パウエルといい、ハイスクールを出ていて、アメリカに移住するまで法律事務所で速記者をしていた。

『九歳になったとき、パウエル家に厄介《やっかい》な問題がもちあがった。第三九公立学校の生徒だった私は、三年生から四年生に進級はしたけれども、「フォー・アップ」と呼ばれる、落第すれすれの頭の悪い子というレッテルを貼られてしまったのだ。（中略）西インド諸島の出身者にとって、教育は殻を破ってより上の生活を目指す手段だったのである。姉のマリリンはすでに優秀な生徒として、大学への進学を約束されていた。（中略）私は能力がないわけではなく、ただやる気がなかったのだ。何があってもどうにかなるさと思う楽天的な子で、おとなしく言うことは聞くし、気だてはよいのだが、目標らしい目標が何もなかった。』（二三頁―二四頁）

ここで大切なことは、「成績が悪い、落第しそうだ」と言うことは、誰にでもありうることで、決して悲観すべきことではないということだ。と同時に「楽天的」ということは、「何とかなるさ」と思って、ボンヤリしていることではなく、「目的を持つ」ことがとても大切だということである。

しかし姉のマリリンは大学に進学し、白人の友達も家に連れて来た。やがて白人のボーイフレンドを連れて来て、二人は結婚したいと言い出した。そのことで一族のものは心配した。そのうちこの白人のノーマン青年の家族がパウエル家にやって来た。見るとノーマンは貴公子のような青年で、マリリンを愛していることが明白だった。この異人種同士の結婚の問題で、パウエルの父ルーサーはこう言った。

『お前さんたち二人は結婚したいと思っている。それはすばらしいことだ。だが、一年待ってごらん。それでもまだ愛しあっているかどうか見るのだ』と。

学歴のないルーサーのこの意見は、名案であった。一方パウエルの家族もバッファローに住むノーマンの家族に会いにいった。こうして二人は結婚式をあげたのだ。

『一〇年間、極端に切りつめて貯金したり犠牲を払ったりしてきたものがその一日で消えてしまったにちがいない。だが、父の目に輝く光は、金は何のためにあるのかと語っていた』（三八頁）

とても大きなウエディング・ケーキを切り、ブロンクス最大のホテルで式をやったそうだ。そして最近結婚四〇周年を祝ったとも書いてある。

落第もチャンス

こうして目的らしいものが出来かかったコリンは、姉のマリリンにならい、母と父の願いにしたがって、ニューヨーク市立大学とニューヨーク大学の二つを受験し、両方の大学に合格した。どちらを選ぶかは「算数の問題」だった。市立の大学の年間授業料は一〇ドル、私立のニューヨーク大学は七五〇ドルだ。そこで一〇ドルを選んだ彼は、科学や数学にアレルギーを感じながら、エンジニアリングを専攻する学科に進んだのである。これもまた正しい選択だろう。数学が分からぬ軍人や政治家は、とんでもない結論を出し、精神力や祈りで何もかも片づくと思いこみ、山本元帥の否定したような道を選ぶからである。

コリン・パウエルがニューヨーク市立大学を選んだことは彼の将来を決定的なものにした。というのはここは「労働者階級の子弟に高等教育をほどこすために」設立され、黒人や白人が色々取りまぜて通う大学で、ハイスクールで平均点Cの彼にも「親しみの感じられる」大学だったからである。

しかもこの学校には予備役将校訓練隊（ROTC）があった。そして彼は専攻科目のエンジニアリングを落第した。そこで代りに「地質学」を選んだのである。これでは将来年金がもらえるのかしらと、家族は心配した。しかし彼はキャンパス内で軍服を着ている若い男たちに心を引かれ、ROTCに入会した。これは旧日本軍隊の〝予備学生制度〟のようなもので、しかもROTCでは途中から〝現役志願〟ができたのである。十七歳の彼はこの軍服を着てみて「自分だけが偉くなったような気がした」といって喜んだ。

彼は数学でつまずき、物理に手を焼いたが、地質学ではまずまずの成績をとり、軍事科学や戦術はハロルド・C・ブルックハート大佐というウェストポイント出身の軍人に学んだ。大佐は「その姿勢、非のうちどころのない身だしなみ、きびきびした態度のために、威圧するような風格があった」という。コリンはさらに又〝パーシング・ライフル〟というクラブに入会し、軍服に青と白の肩紐とエナメルの紋章をつけた。

『パーシング・ライフルの規律や機構、友情、帰属意識は、私が憧《あこが》れていたものだった。まもなく、私はリーダーになった。仲間たちには自我を通さずにわが身を捧げるような姿勢があって、私の一族に見られた他人を思いやる雰囲気を思い出させた。人種、肌の色、氏や素姓、収入などは何の意味ももたなかった。パーシング・ライフルはおたがいのため、グループのためなら何でも徹底してやるのである。これが兵士になることだとしたら、私は兵士になりたいと思った』（四三頁）という。

差別をうけるが

一九五七年夏、彼はノースカロライナのフォート・ブラッグで行われるＲＯＴＣの夏期訓練に参加した。そこではじめてＷＡＳＰというアングロサクソン系の新教徒の白人たちと出あった。そしてこの訓練で彼は「Ｄ中隊中の最優秀訓練生」に選ばれ、第二位の成績だった。帰る前の晩、白人の下士官が、なぜ第一位に選ばれなかったか、その理由を教えてやろうという。

『南部のＲＯＴＣの指導教官が大学に帰って、第一位の訓練生がニグロだったなんて言えると思うかい？』

と言うのだ。コリンは同じ大学のＲＯＴＣの白人下士官二人と一緒に帰途についた。

『ガソリン・スタンドに車を停め、洗面所に入った。そこは男性用と女性用と非白人用に分かれていて、私は非白人用の洗面所に入らなければならなかった。黒人のほうが時代に先んじているようで、すでに男女の区別がなくなっていた』（五一頁）

このような差別を受けても、彼は常に両親に感謝し、物ごとを積極的に処理していたことは、彼の将来の運命に直結しているのである。彼は大学にもどっても、ＲＯＴＣでＡをとり、他の成績も上がった。こうして〝学生の大佐〟として、当時千人いたニューヨーク市立大学の学生部隊を率いるようになった。

『私は「優秀な軍事教育を受けた卒業生」だったので、予備役士官ではなく正規の士官となった。つまり私は、二年ではなく三年間、現役として軍隊に勤務しなければならないということである。私は意欲をもってこの任務を受け入れた』（五四頁）

それから三五年後彼はある雑誌社のインタビューで、こう答えている――

『「私の両親は自分たちが強い力の持主だということに気づいていなかった」と、私は言った。私は両親に言われたことから学んだというより、「二人の生き方」から学んだ。「親が自分たちの価値観が正しく適切だと思えば、子供たちはその価値観にしたがうもの」である。私という人間をかたちづくったのはお説教ではなく、手本を見て、道徳を身につけていったからだ。バナナ・ケリー、親類を含めた大家族に抱きしめられた温かさ、聖マーガレット教会、そしてジャマイカのルーツ、カリプソの調べ、こうしたもののすべてが私の人生の旅路への餞《はなむけ》となった』（五四頁）

結婚、そして息子の重傷

このようにして正規の陸軍軍人となったコリンは、常に夫婦で教会に通ってその世話役をつとめ、与えられた教会の任務に最善の努力を尽した。しかも上司に対しても、きわめて率直に自分の意見を具申し、決定には我《が》を捨てて従った。そして又彼が「軍隊」

に入ったことは、おそらく当時のアメリカで一番人種的差別の少ない場所を得た点で、好ましいコースだったと思われる。軍隊では、皮膚の色によってではなく、その功績や行動によって、極めて厳格に査定され進級したからである。

彼は順次レインジャー課程や空挺部隊など様々な厳しい訓練を受け、西ドイツに派遣された。そして三年の兵役義務が終わっても、やはり軍隊に残ったのである。

『つまり、陸軍はアメリカの他の分野に一歩先んじて民主主義の理想を実現していたことである。五〇年代以後、陸軍の駐屯地のゲート内では、南部の市役所や北部のどんな企業とくらべても、人種差別は少なく、平等の報奨制度と平等の機会が用意されていた。したがって、陸軍にいたおかげで、私はさまざまな欠点があるこの祖国を愛することも、心の底から祖国に奉仕することも容易にできたのである。』（八四頁―八五頁）

さて一方コリンは一九六一年の秋ブラインド・デート（友人のデートに付き合って未知の男女が会うデート）でアルマ・ヴィヴィアン・ジョンソンと知り合い、愛し合い、翌年結婚した。彼女も黒人系の美しい混血女性だった。さらに彼はヴェトナム戦争に参加し、多くのヒルに吸いつかれる熱帯の森での指揮をとり、帰還してからはホワイトハウスにもペンタゴンにも勤務したが、あくまでも軍人であることを求め続けたのである。

コリン・パウエルが将校として順潮に昇進するうち、彼の息子のマイケル（マイク）も成長し、やはり父と同じ陸軍に入隊した。しかしジープの事故で骨盤破裂の重傷を負い、軍籍は外されたが、それでもコリンの明るいはげましによって立ち上がり、ジェーン・ノットという女性と結婚までするようになり、子供を持った。

こうしてコリン・パウエルは遂に国家安全保障担当の大統領補佐官となり、レーガン大統領に仕えたが、そのころ息子のマイクは国防総省に勤めていて、ある日スピーチをすることになった。

『私は、彼が杖をついてゆっくりと演壇に進むのを見守った。マイクは澄んだ、しっかりした声で話しはじめた。彼は障害者の戦いを戦闘になぞらえた。（中略）次の朝、「私は鏡をのぞきました。髪は乱れ、投薬のためにかさかさしていました。体重がひどく減っていました。顔には血の気がなく、髭が伸びていました。カテーテルを胃に入れたまま、松葉杖にすがって立ち上がりました。震えながら立つと、抑えきれなくなって声をあげて泣きました……　「人間の意志の力はまことに驚嘆すべきものです。その力は、私をベッドから起こし、車椅子から立ち上がらせて、私に杖を渡してくれました。その杖をついて、私は再び人生を歩んでいけるようになったのです」と、彼は結んだ』

（四五七頁）

国務長官として

コリン・パウエル将軍はさらに「統合参謀本部議長」となって、ジョージ・ハーバード・ウォーカー・ブッシュ大統領（第四一代）に仕えた。この時はもう将軍大将（四つ星）であった。ところがその任期中、イラクのサダム・フセインのクエート侵入による〝湾岸戦争〟が勃発した。それまで彼はしきりに経済制裁だけに停めようとしたが、遂にアメリカ軍五十万その他国連の多国籍軍（二八ヵ国参加）による大戦争に発展した。一九九一年一月十七日の攻撃発令メモを書き、大統領室での会議で読み上げたのはコリン・パウエルであった。

やがて終戦となり、第四一代のブッシュ大統領が民主党のクリントンに代わった。その大統領選挙当時、コリン・パウエル将軍には民主党から「副大統領候補」になってもらいたいという申し出があった。黒人の副大統領候補ならば確実に民主党が共和党に勝つ。しかしコリンが共和党の副大統領候補になれば共和党が勝つという政界のカギを握る状勢だったからである。その時のパウエル将軍の答えはこうだ。

『「ずいぶん買いかぶっていただいてますが、私は現役の軍人ですからお答えのしようがありません。噂の種になりそうなことをお話しするつもりもありません。私の頭にあるのは、退役する日まで軍人として国家に奉仕していくことだけです」』と。（六四六頁）

そのパウエル氏は、クリントン大統領の時代に退役し、次に登場したジョージ・ウォーカー・ブッシュ第四三代現大統領時代に、アメリカ合衆国の「国務長官」となって現在活躍中なのである。そしてジョージ・ブッシュ大統領の日本重視の政策を忠実に実行し、その「コリン・パウエルのルール」なるものをアメリカの外交政策にも展開しているが、そのルールとは次のようなものである。

『一、何事も思っているほどは悪くない。朝になれば状況はよくなっている。

二、まず怒れ、そしてその怒りを乗り越えよ。

三、自分の地位とエゴを同化させてはいけない。さもないと、立場が悪くなったとき、自分も一緒に落ちてしまう。

四、やればできるはずだ！

五、選択には細心の注意を払え。それが現実になるかもしれない。

六、良い決断をしたら、それをくじくような事実にもくじけてはいけない。

七、誰かのかわりに選択することはできない。誰かに自分の選択をさせるべきではない。
八、小さいことをチェックせよ。
九、手柄を一人占めするな。
一〇、つねに冷静に、かつ親切であれ。
一一、ビジョンをもち、自分にたいしてより多くを求めよ。
一二、恐怖心にかられて悲観論者の言うことに耳を傾けてはいけない。
一三、つねに楽観的であれば、力は何倍にもなる。』（七二六―七頁）
最後にもう一つ付け加えると、退役してからのコリン・パウエル氏はしばらくしてクリントン前大統領からも、当時の「国務長官」に就任することを勧められたが、この時は丁重に辞退したということであった。（七一四頁）

＊〜以前紹介した通りである。＝『大道を歩むために』（日本教文社刊）所収の論文「運命を決定するもの」の中で紹介されている。

生かされている

映像と本物

古今東西を問わずこの世の中は、実に不完全で、色々の苦しみや矛盾撞着《どうちゃく》があるように見える。とかく人は「どうして神様は、こんな世界を造られたのか」と疑問に思うのだが、これは神様の造られた作品ではない。もし神様がお造りになったのなら、完全円満・不死・不滅の世界をお造りになったはずである。これこそが実在の世界であるが、この世の中というのは実在ではない。本当にアル世界ではなく、仮に吾々が心で認めて見ている世界であることは前に述べた如くである。だからこれを「現象界」と言って「実在界」（実相）とは区別して考えないと混乱を生ずるのだ。

あれとこれをゴチャゴチャにするから、神様がどうしてこの不完全を治さないのかとか、どうして貧乏のままで放って置くのかとかと、全てを神様のせいにして、やがて無神論に陥ったり、唯物論や拝金思想や快楽万能論になるのである。しかし本当の実在界、即《すなわ》ち実相世界には、生老病死はないのである。久遠の昔より、永遠の未来に到るまで「常楽」であり、「不壊不滅」なのである。この世界こそが実在であるが、これは吾々の五感・六感を超えている。従って目で見たり、耳で聞いたり、手で触れたりして感覚する範囲ではなく、「無限次元の世界」である。即ち無数の次元（尺度）によってのみ捉えられるが、低次元の二次元、三次元、四次元……では捕らえられない世界である。従って、神様の姿を二次元の写真で写そうとしても写らないし、三次元の立体像の神様を目で見ようとしても見えない。あるいは又霊感で「神様の姿を見た」と言っても、それは神の全相ではなく、ごく一部をさぐり撮ったようなものであるから、どんな神々しい姿を見たとしても、やはり限定された姿であり、万人を納得させうる姿ではない。つまり仮の姿であり、一種の〝映像〟に外ならないのである。

しかし映像は「本物」の影でもあるから、全然無意味ではない。丁度人々の撮った写真には、ある種の価値があり、その写真をかざって本物を見る気持になったり、遺影を偲んだりするようなものだ。又時には、

「本人よりもきれいに撮れている」

などと言って喜ぶ人もいるが、きれいはきれいでも、その肉体は人間の「本物」ではなく、五官の感覚で撮った立体写真のようなものであるから、細かくしらべれば、写真よりは肉体の方が幾らか本人に近いのである。近いといっても、実相の、生き通しの「人間」とはくらべものにならない程の不完全さである。そのため人々は、色々の不自由や不完全さを体験する。しかしその苦い体験を通して、「本物」の素晴らしさを、次第に現し出して行く練習をするのが、この現実の世界の仕組みである。

研修会に行く

例えば姫路市東今宿《いまじゅく》三丁目に住んでおられる山本昌史《まさふみ》さん（昭和二十九年四月生まれ）は、中華飯店を経営していて、昔色々の苦労をされた様子だ。勿論これも神が与えた試煉《しれん》といったものではなく、人間の心の作品だが、彼は兵庫県の夢前《ゆめさき》町で、四兄弟の長男として生まれた。祖父母とも同居していたが、家が貧しく、小学生のころから新聞配達をし、中学でも毎朝新聞配達をしてから学校へ通った。夕方学校から帰ると、家計を助けるため近くの工場などで働いたという大変な努力家である。これも本来は無限の富者である筈の山本氏の〝仮の姿〟であって、そういった努力を通して、実相人間の無限能力が表現されようとしているのであるから、幼いころからのこうした手助けも、大変有意義な生活体験である。

その上彼は自分がこうして働くことを「不幸なこと」とは思わなかった。貧乏の中にも楽しさがあった。しかし中学校での修学旅行の費用に困り、ホタルをつかまえて袋に入れ、町に持って行って売った。「百円で、きれいですよ」と言うと、よく売れた。しかも彼は読書好きだ。「善いことをすると、その善行が返ってくる」ということを知り、虫や動物を助けてばかりいたというから、大したものである。例えば道路を亀が歩いていると、車を止めて近くの川に放してやる。

「私が困った時には、助けてよ」

と言いながら助けたという。しかも彼はそんな自分が好きになった。これも亦《また》すばらしいことである。だから成人して自分の店をもってからも、かつての阪神大震災の時、直ちに全店をあげて行動を起し、神戸にぎょうざを六千人前持って行って、炊き出しをした。すると被災者の方々は涙を流して喜んで下さったが、何よりも店の従業員たちが一番喜んでくれた。皆明るい心に変って行ったというから、愛行の功徳は自分自身の方にハネ返って来るということを如実に示してくれる実例であろう。

このような大地震の場合も、それは神様の作品ではなく、多くの人間の心の迷いが作り出して行った合作映像であり、その機会を生かして愛を行ずる人には、以前に増した喜びや明るさが開発されて行くチャンスともなる。

さて山本さんは高校を卒業するとすぐ、飲食業を始め、極めて精力的に働いた。最初は屋台を引いて〝夜鳴きうどん〟だかそばだかラーメンだかを売っていたが、毎日が充実した感じだった。やがて店を持ち中華飯店を始めたが、従業員教育に苦労した。もともと研究熱心な彼は、従業員と共に色んな研修会に参加した。ある日富士山の麓で十五日間行われる「地獄の特訓」というのに参加した。外国へ視察セミナーにも行った。するとそのおかげで、人生の厳しさを知り、言葉遣いも変り、仕事に対する姿勢も変って来たが、笑顔がない。苦しそうにして頑張るばかりだった。

キャリア・ウーマン

そんな時山本さんは「生長の家」の存在を知り、〝栄える会〟*の研修に従業員二人を送りこんだ。すると彼等二人が帰って来て、おだやかな顔をしながら合掌し、

「ありがとうございます」
と言うではないか。山本さんはびっくりした。他の従業員も二人を見てポカンとしている。そこで山本さんは、これは面白そうだと感じたので、次は山本さんを含めて三人で生長の家の能力開発センターの研修会に参加した。

すると「人間・神の子・無限力・やれば出来る」と教えられるのだ。ことに昔産婦人科の医博だった徳久講師の話の中で、想像妊娠で大きなお腹をしていた婦人の話を聞いた。彼女が自分で妊娠したと思い込んだ「心の働き」によってそうなったのだから、それよりも一億円もうける方が簡単でしょうネ——というような話だった。そこで成るほどそうだ、心の働きはすごいことになる、人生が変って来ると気がついた。そこで彼はこう質問した。

「神想観の時、神のいのち流れ入る流れ入ると念ずるのですが、足にしびれが流れ入るんです、どうしましょう？」

なれないうちは正座しているとしびれる人もいるが、そういう時は合掌したままで腰を上げて膝で立ち、しばらくしびれを治してから又腰を下ろして神想観を続けてもよいのである。とかく無理をして、足のしびればかりを気にして「しびれ観」をやるよりは、その方がよいし、又時によると最初から椅子でやる方法もある。

さらに他の研修でもコンサルタントの講師が、一番大事なことは「成功をイメージすることだ」と教えてくれるが、とにかく他所では研修費が高くて一人五十万円もする会がある。しかし生長の家では一日何千円かですんでしまうので、大いに助かったそうだ。

しかし一方山本さんは家庭での生活で、まだ克服し、練習してうまく実相を現し出す課題が沢山残されていた。それまで彼は妻を車のように考えていた。もともと彼には理想の妻というのは、頭がよくて、キャリア・ウーマンで、事務のよく出来る人という思いがあった。すると心の強い思いが「祈り」だから、この祈りが実現して、そんな女性の満子《みつこ》さんと結婚することになったのである。

彼女は外国語大学を出ていて、一流の証券会社に勤め、ワープロの講師としてもバリバリやっていた女性だ。ところが彼女は味噌汁も作ったことがなく、掃除や洗濯がまるで出来ないのだ。アチャーと思ったが、それでも年月が経《た》つにつれて、三人目の子供を妊娠した。しかしそれが限度で、「もう子供はいらない」と言い出し、家事もしないと言い出した。

これには山本さんも困り果てた。これでは自分の老後は一体どうなるのか。もう取り替えようかと思った。自動車を新しいのと乗り替えるように、妻も乗り替えよう……と車と同一視した時もあったらしい。そんな風にして夫婦の不調和が続いているうちに、彼女に乳癌が出来たことが分かったのである。

観世音菩薩

これも神様の作品でもなければ宿題という訳でもない。「心の法則」によって、人間の心がその肉体や環境に象徴的に現されて来る現象である。〃象徴〃だから、心と似たような形が出て来る。ことに夫妻の間の意見の衝突や心の塊などは、こういった腫瘍や癌として、主に生殖器や乳房や泌尿器系統に現れて来やすいのだ。

さて乳癌が見つかったために、満子さんは直ちに帝王切開で胎児を早産させ、卵巣も悪化していたので切除し、乳癌のある胸も切除した。その上妊娠中の乳癌はタチが悪く、胎児の生存率が低いと医師から申し渡されたのである。それを聞いて山本さんはおろおろした。するとその様子を見かねて、父が「生長の家の練成道場がある宇治へ行って来い」とすすめて下さり、その言葉に勇気づけられて、十日間の一般練成会に参加したのである。そこで「神の子・人間・不死・不滅」のすばらしい話を聞き、浄心行を行った。その過程で、山本さんは心から妻に感謝することが出来たのであった。

この十日間の練成会で彼は、「妻は癒されている、健康である」ということを言葉に出して唱え続けた。するとその言葉で、今までの不安が解消し、最後には妻や子や自分のことをも忘れて、他の人々のお世話をしたり、幸せを祈ったりすることも出来る心のゆとりを取り戻したのであった。

以来一年数ヵ月がたっている現在（平成八年）、山本さんの家族全員が元気となり、赤ちゃんも健康に育っている。三歳と五歳になる子どもの口ぐせは、「嬉しいな、楽しいな、よかったな、アッハッハ」という言葉だ。それは家でよく笑いの練習をするから、その一部を憶《おぼ》えたのである。

子供の心は純粋だから、幼いころに憶えた思いや習慣は、成人になってもいつしか花を開き、実を結ぶものだ。しかも山本さんは、自分の身辺に起った出来事は、全て自分のためになる大切な教訓だと判って来た。従って大変不幸だと思われる出来事も、全てその人を磨いてくれる〝観世音菩薩《かんぜおんぼさつ》〟であり、心の砥石《といし》だということを自覚したのである。以来山本さん夫妻は「本当の夫婦になれたと言う大調和の生活」を送っておられるという事であった。

このように一見不幸に見える病気でも、貧乏でも、それは仮の姿であって、本来ないものである。ナイから消えるのだ。しかもその過程に於いて、色々のことを教えてくれ、吾々の自覚を一層真理に近づけてくれる「救いの働き」をして下さるのである。だから、不幸を見ても、傷害を見ても、決して神を呪《のろ》ったり、社会の冷たさを恨んではならない。むしろ、その悪現象の中でも光を見出し、人に深切をつくし、愛を行じ、善業を積むことが大切である。

『観世音菩薩は尽十方無礙光如来《じんじつぽうむげこうにょらい》の大慈悲の顕現にてありたまう。それゆえに尽十方に満ちたまうのである』

と『真理の吟唱』*の「観世音菩薩を称《たた》うる祈り」に記されている所以である。

いつもニコニコ

現在では日本の宅配便運輸会社の中で代表格とも言うべきヤマト運輸株式会社の小倉《おぐら》昌男《まさお》さんは、初代社長の息子さんだが、今はヤマト福祉財団の理事長をつとめておられる。平成八年一月二十九日のNHK第一放送の「人生読本」の中で、若いころの病気について、こんな話をしておられたので、要点を少し紹介しよう。

小倉さんは昭和十九年に大学一年を終ったところで軍隊に入ったが、一年間で終戦になり、昭和二十年に復員した。大学に復学して昭和二十二年に卒業し、父の会社であるヤマト運輸に入社したのである。その頃は食糧事情も悪かったし、軍隊で体力を消耗していたので、当時の流行病の肺結核にかかり、高熱を発した。〝奔馬性肺炎〟と重症の肺結核と診断され、駿河台の結核専門の病院に入院した。そこでいかに結核患者が多いかにも気がついた。しかも当時は特効薬がなく、もっぱら安静療法ばかりを強いられた。全ての刺戟をさけ、出来れば口も利かないようにしなさいと言われたのである。

ベッドの上でアイウエオの五十字を書いたうちわを持たされ、その字を指して意志を伝えるという（少々行きすぎた）治療法を行った。しかし彼はこれも大して苦痛とは思わず、「闘病も楽なことだ」と感じたというから、このプラス思考が大変よかったようである。何事をやるにしても、嫌々やるより、悦んで、たのしんでやった方が、身体の治癒力や学習力がうんと増大するからだ。

けれども、一月、二月と経つうちに、ベッドに縛られて何もしないことが次第に苦しくなって来た。何も悪いことをした憶えがないのに、刑務所にいるよりも自由がない。

一体神様は何をしているのか。不公平な世の中だと思い始めた。さらに自分は何のために生きているのだろうか。口もきけないのに、御飯をたべたり用便をするために一人の付添いさんをやとっている。これは申し訳ないことだと思いはじめ、大いに悩んだのである。

ところがある日救世軍の大佐の人が見舞いに来て、こんな話をして下さった。

「九州のある病院に、重い皮膚病のお婆さんが入院していたのです。かゆくて、痛くて、たまらない。皆さんが同情しているが、そのお婆さんは少しもグチをこぼさない。その上いつもニコニコしていた。すると同室の患者さんが、自分よりつらい思いをしているあのお婆さんがいつもニコニコしているから、私も頑張ろう——と感心して、大変励まされたということです。又山の中を歩いている人が、道に迷って方角が分からなくなった。ところが夜になるとはるか彼方に一軒家の灯を見つけた。そこで夜が明けてから、その家のあたりに歩いて行って、ようやく助かったのです。一軒家の人は、何も人を助けるために灯をつけていたのではないが、そこにそうやって住んでいることが、人の生命を助けることになった。そんなことだってあるんですよ。だからあなたは決して無価値な人間ではない……」

なるほどそうか、と頭では分かるが、心では中々納得できない。そこで小倉さんは死んでしまおうと思い始めたのである。しかし、二月も三月も絶対安静をしていたから、手足の力がなくなり、起き上がろうとしても起き上がれない。だから死ぬ手段がないのである。そこで遂にある夜、

「神様、助けて下さい」

と祈っていた。すると夜半に、ハッと心が軽くなった。それは「自分が生きているのではなく、神様によって生かされているんだ。摂理によって今までこうして生きて来た、自分で生きているんじゃない……」と気が付いたからであった。

こうして「生かされている自分」に気がついたのを転機として、彼の中に生きる力が湧き上り、病気の方もよくなって行った。そこへ結核専門の先輩の医者が訪ねて来て、大学病院に転院させてくれ、さらに全治するにまでになったという話であった。こうして人は、ただ単に生きているだけでも、何かを学ぶことが出来るし、さらに人を救う働きをすることも出来るのである。ただニコニコとして痛みやかゆみに堪えていても、それでも人々を励ますことが出来る。それは人間自身に内在する「生かされているいのち」によるのであり、しかもこの現象界の不自由や病苦や争いは、本当は実在しないか

らである。実在しない現象に、救いの力があるか。それは現象の奥にある神の子・人間の実相のあふれ出す力によるのであり、この力を称して「観世音菩薩の救いの力」と呼ぶのである。

生かされているいのち

しかも人は、何かに行き詰まったり、困ったり、難題が与えられた時に、この力を認めるとこの力が強力に働きはじめる。それ故「危機はチャンスである」ということも出来る。そのチャンスを見逃すのは、人生の暗黒面のみを見て、その光明面を捉えようとしないからだ。しかも「ただ生きているということが、救いになる」というのは、とても大切な自覚であり、その根源は、自分が勝手に生きているのではなく、「生かされている」からである。だから自分に生きる値打ちがないとか「生き甲斐がない」などということは全くあり得ないのである。

よく「○○会長になって活躍して下さい」とたのんでも、「私にはまだその値打ちがない」などと言って辞退する人もいるが、それも間違いだ。値打ちは〝神から来る〟のであって、その人の個人的判断に依るのではない。だから、子供でも、赤ん坊でも、胎児でも、全てに「生きる価値があり、使命がある」のであり、それによって大人たちは何事かを教えられる。赤ん坊は、誰でも自分の生き甲斐や、値打ちや、資格を考えてはいない。

「自分はこんなに大事にされる資格はない」

などと言って辞退する奇怪な赤ん坊が一人もいないのは、誰でも知っている通りだ。例えば平成八年二月十六日の『産経新聞』の〝アピール欄〟に、次のような投書が載っていた。

『　　パート　匿名希望　48（群馬県伊勢崎市）

先日、テレビで親による子供の虐待についてのリポートを見た。酒乱の父に殴られ続けた娘や、母親に全裸にされて、しかられた子供…。私自身、現在、大学生になる娘に対して、何回か理不尽なしかりかたをしたことがあったので、とても、人ごととは思えなかった。

娘が幼いころ、夫や同居していた義父母が加わって、ささいなことでよく口論となった。原因は酒代や光熱費、交際費などの支払いといった、取るに足らないことなのに、家の中に皿が飛び交っていた。

三人に娘の育て方に口を出されたうえ、よその子供とも比較された。頼みの夫がけんかの張本人とあっては、夫婦仲がいいはずはなかった。

夫と別れようとしても、里の親に反対された。やりきれない思いや寂しさを抱え、叫びたい気持ちをどうすることもできずにいたが、「子供だけはちゃんと育てたい」という思いは人一倍強かった。

しかし、そんな決心はすぐに崩れた。娘がおもらしをしたといっては手をあげた。一回だけ、娘をほうり投げたこともある。

それでもなお、娘は「お母さん」と慕ってくるのである。そんな娘の寝顔を見て、情けなくて泣いたこともあった。不思議なのは、下の子供にはあまり手をあげなかったことだ。(中略)

育児に追われていたころを振り返ると、いとしい娘にひどいことをしたと自責の念にかられるが、私も半人前だったうえに、義父母や夫から毎日いやみを言われ、孤立して、育児ノイローゼ同然だったのではないかと思う。

子供を虐待する親は、大人社会のいらいらをぶつけているにすぎない。いらだっているのは親だけではなく、学校でいじめる子もいらだっている。大人も子供も、いらだっ心をぶつける「はけ口」を求めているのかもしれない。

先日、昔のことは何も覚えていない娘から優しい便りと誕生日プレゼントが届いた。

あのころも、今も、トラブル続きなのに、二人とも真っすぐに育ってくれた。

もし、あのころに戻れるなら娘を抱き締めてわびたい。』

この告白文にあるように、子供も、大人も、学生も、老人も、そして胎児も、山も川も草も木も、全てが「観世音菩薩」の現れである。だから人生は美しく、たのしく、そして極めて有意義なのであり、無限の価値が満ちあふれている世界だといえるのである。

＊栄える会＝「生長の家栄える会」の略称。生長の家の経済人で組織するグループ。
＊『真理の吟唱』＝谷口雅春著。霊感によって受けた真理の啓示を、朗読しやすいリズムをもった文体で書かれた〝真理を唱える文章〟。（日本教文社刊）

Ⅳ　明るい祖国現成のために

品格ある祖国を

善の研究

私が旧制の高等学校に在学したころは、生徒の間に西田幾多郎《きたろう》教授の書いた『善の研究』という本が良く読まれていた。「お前も読め」とすすめられたが、まだ哲学的関心が薄かった私は、遂に見のがしてしまった。けれどもこれが「西田哲学」の出発点であることを知り、岩波文庫のワイド版を読んでみたが、これは昭和十二年に改版されたものの全集本だそうだ。初版本は明治四十四年に弘道館から発行されたというから、すでに古典に属すと言ってもよいだろう。この全集本の第四編・第三章に「神」という標題で、こう書いてある。

『神とはこの宇宙の根本をいうのである。上に述べたように、余は神を宇宙の外に超越せる造物者とは見ずして、直《ただち》にこの実在の根柢と考えるのである。神と宇宙との関係は芸術家とその作品との如き関係ではなく、本体と現象との関係である。宇宙は神の所作物ではなく、神の表現manifestationである。外は日月星辰《せいしん》の運行より内は人心の機微に至るまで悉《ことごと》く神の表現でないものはない、我々はこれらの物の根柢において一々神の霊光を拝することができるのである』（二二一頁）

ここで宇宙というのは、太陽や月や星を含む大きな宇宙のことをいうが、その外部に神がいるというのではない。「神は実在の根柢だ」と言明している。そして神が直接この宇宙を作ったのではなく、神が本体（実在）で、その現象がこの物質世界だ。つまり神がそこに表現されているところの〝現象〟なのだというのである。

この考え方は、私たちの信仰する「生長の家」の神観と極めて近く、同一と言ってもよいくらいだから、この本を見逃したのは、残念なことであったと回想される。しかし人生においては、チャンスは一回かぎりしかないという訳でもない。どこかにも書いたことがあるが、大学時代にも友人から『生命の實相』らしい本をすすめられかけたが、この時もそのままになってしまった。そして後刻召集されて兵役につき、陸軍病院に入院するまで、私は信仰の書物には触れなかったのである。

祖国に奉仕する

人生においては、このようにチャンスは全く同一のものではなくても、色々の場面でありうるものだ。それは丁度目的地に行くのに、近道もあれば回り道もあり、徒歩でいつ行ってもよいし、少し遅れて車でも行けるし、電車やバスを待って行くことも出来るようなものだ。しかも人生の真の「目的」は、万人すべてが同一であり、それは「神の国」であり、「仏の世界」だと言っても過言ではないだろう。

古来多くの人々はその「神」や「仏」を口にした。現代でも日本国以外では、これを口にしない国民は少ないようだ。しかし日本人は滅多なことでは信仰を口にせず、何を信じているのか、又いないのか、サルや猫と同じ立場なのかどうかが不明なのである。ことに政治家や文化人にいたっては、信仰心を表現せず、ただ正月や命日だけの神社参拝にとどめたり、せいぜいお仏壇や神棚をお祀りしているくらいで、極めてひかえ目である。

しかしどんな人でも、内心の「目的」は神（又は仏）であり、「成仏したい」のである。そう心の中で願うのは、すでに彼らが仏であるからであって、仏でないものが、死んだだけで仏になれるはずはない。もし死んだらみな仏になるのなら、殺人犯は、〝仏様作りの功労者〟ということになり、今の刑法はメチャメチャになってしまうだろう。

しかしアメリカの国状をみると、歴代の大統領はその就任式では必ず「神」を口にしていて、キリスト教の聖書に左手を按《お》いて、任務の遂行《すいこう》を神に誓っている。例えば今回のブッシュ氏の就任演説では、最後にこう言っている――

『私は礼節をもって信念を貫く。勇気をもって公共の利益を追求する。より大きな正義の代弁者となり、思いやりをもって自己の責任を果たす覚悟だ。

皆さんの行動は政府が行うことと同じく重要なことだ。自分の安楽に満足せずに公共の美徳を追求し、改革を守り、祖国に奉仕してほしい。傍観者や従属者ではない責任ある市民となることを期待している。

米国人は、寛容で強く、礼儀正しい。それは自分自身を信じているからではなく、われわれを超えた信念を持っているからだ。

もし、市民的精神が失われたなら、いかなる政府の政策もそれに代わることはできない。この精神があれば、悪は勝利することはできない。

米国民の根底に流れる勇気の物語と、威厳への素朴な夢を神は知っている。疲れを見せず、屈服せず、祖国をより公正で寛容な社会にしていくことを誓う。祖国に神のご加護があらんことを。（平成十三年一月二十二日の「産経新聞」より）』

このように、「祖国に奉仕する」ことを国民に求めているのだ。「より大きな正義の代弁者」というのは、内在の神性・仏性を指しているに違いない。ところが現在の日本国では、あまりにも私利私欲にまみれた人々ばかりが政治のニュースに登場してくる。そこで同日の『読売新聞』の〝編集手帳〟には次のような文章がのせられた。

品格

『米大統領の就任演説と言えば、一九六一年のケネディのそれをまず思う方が多いだろう。「国家が諸君に何をしてくれるかではなく、諸君が国家のために何ができるか問うてほしい」◆わが国は激しかった安保闘争の翌年、所得倍増計画を打ち上げた池田内閣のころだった。どこか「戦後」をひきずったままの日本人に、とりわけ鮮烈な印象を与えたように思う◆ブッシュ新大統領はその就任演説で、「礼節、勇気、思いやり、品格」を理念に掲げて、国民に「あなたがたが何を行うかは、政府が行うことと同じく重要だ。傍観者ではなく、責任ある市民に」と訴えた◆ケネディのみならず、実は父ブッシュやクリントンの就任演説にも表現こそ違え、似たような部分がある。資質をうんぬんされ、選挙を際どく制した新大統領だが、それだけにと言うか、結束を訴えて、演説は心にしみた◆折から日米の共同世論調査で、際立った違いが浮き彫りになった。とりわけアメリカ人の66％が「大統領を信頼している」のに、日本人で「首相を信頼している」のはわずか6％…◆アメリカの民主主義も過去何度か試練に直面した。その度に、アメリカの夢や理念へ立ち戻ろうと努めて、それが信頼を醸成してきたのだろう。今、わが国の政治に最も欠けるもの、それは「品格」かもしれない。』

「品格」が欠けているのは、単に政官界の人々ばかりではない。かつて歯科医師の国家試験の問題を、多くの学生たちに洩《も》らした教授たちの話題が連日ニュース面を彩《いろど》っていたが、そんな私利私欲にまみれ、品格に欠けた人々ばかりではないはずだ。例えば平成十二年十一月十二日に札幌で行われた「特別練成会」で、熊澤隆樹《たかき》さん（昭和十五年一月生まれ）は、歯科医師としての体験を話して下さったことがある。

熊澤さんは札幌市手稲富丘《ていねとみおか》の四ノ七に住んでおられて「生長の家」の地方講師だが、くわしい経歴やその間の経緯は平成六年の『光の泉』誌五月号や、平成三年の『理想世界』*誌十月号にのっているから、参照して頂きたい。本来科学や医学の技術や治療には、インチキと策略は全く不要であるということ、さらに正しい信仰がいかに大切であるかが分かるはずである。首相や経済人や教育者など全ての人々には「品格」が必要であり、それは「人間が神の子である」という根本的自覚から生ずるのである。そうではなくして「人間は類人猿の子孫である」という肉体人間観のみでは、絶対に得られないのが「礼節」や「思いやり」や「品格」である。

ところが平成十三年一月二十六日の『読売新聞』〝編集手帳〟には、さらに次のような事実が記されていた。

『首相一行の外国訪問となれば、結構なカネがかかる。まず宿泊費などの経費を見積もる。官邸から札束で受け取る。大部分を自分名義の銀行口座に入れ、随行中、クレジット・カードで払う◆帰国後の精算も含め、すべてを一人でやっていた。上司の指示も了解もない。流用どころか巨額の横領容疑が発覚して、それでも外務省は「個人犯罪」に押し込めたいらしい◆何頭もの競走馬を買うなど、約六年に及ぶ要人外国訪問支援室長の行為は著しく常軌を逸している。周囲が気付かない訳はない。お陰でカネが気ままに使えると、キャリアたちは見て見ぬふりだったか◆外務省報告書は単に「公金」とあいまいだが、内閣官房と外務省の報償費（機密費）は年間合計七十二億円なり。会計検査院にも領収書などの提出は免除されているそうだ◆「国の事務または事業を円滑かつ効果的に遂行するため、当面の任務と状況に応じその都度の判断で最も適当と認められる方法により機動的に使用する」。これが予算上の説明だが、要するに、使い放題という意味に近い◆「報償」は、例えば部外の協力者への謝礼などを指すという。スパイが思い浮かぶ。機密の情報活動はあろうが、首相一行の宿泊費とどんな関連があるのか。組織的な「流用」の仕組み、犯罪の温床を暴かなければならない。』

現代的風景

要するに一人ひとりの信頼性と品格が崩れると、その社会や国家はデタラメの仕放題となり、刑務所は〝満員御礼〟となってしまうだろう。これを正常化するには、ひとえに「神の子・人間」の自覚を持つ人々を増やし続ける外はないのである。すると〝小〟は満員電車の中でも、〝大〟は国家社会の組織構成でも、秩序と「思いやり」が満ちあふれるのだ。

例えば『産経新聞』の平成十三年一月二十五日の夕刊には、真鍋秀典氏（文化部次長）がこんな〝車内風景〟を紹介しておられた。ある日の午後十時半ごろ帰宅途中電車

の中で、疲れた身体で乗り込んだが空席はなく、隣の車両も混んでいて空席はなかった。すると、

『六十歳前後の女性が横に大きな買い物袋を置いて座っている。袋をどければ一人座れるのに、と思ったが、声を掛けるほどの気力はなかった』

そこへ六十歳前後の男性が乗り込んで来て、何も言わずにその袋を持ち上げた。するとその女性も無言でその袋を引きとり、足元に降ろした。男性はその空席に腰を下ろした。二人は夫婦かと思ったが、そうでもない。女は買い出し姿で、男は会社員風だ。次の駅で女性だけで降りたが、その時も二人はやはり無言のままだったというのである。

ここにコトバを忘れ、礼儀を無視してはばからない現代社会の一端が描かれている。こんな光景は、東西南北を分かたずよく見かける所だ。男性が大股をひろげて二人分の席を占領し、満員の乗客に一顧《いっこ》も与えない姿もよくある。これではどんな袋やカバンや宝石を持っていようが、まさに世紀末的雰囲気である。果して二十一世紀が、このような欠礼と、無言の我利《がり》我利《がり》亡者《もうじゃ》の社会であってよいものだろうか。

こんな現状ではいかにパソコンが増え、高速列車が走り回り、国家の年間予算がふくれ上がっても、「まずしい国」であり、衰退する社会であるという外はないのである。け

れども本来の日本は決してそんな国ではなく、礼節や思いやりのある武士道的な国であったはずだ。傘をさして道を歩いても、行き交う時にはお互いに〝傘かたげ〟をして、相手の傘や身体にぶつからないようにしたものである。バスの運転手が、運転しながらケイタイをかけていたなどという投書（『毎日新聞』）もあったが、幸いにしてケイタイなど見たこともなかった往時には、かなり「安全」と「品格」が保たれていたのだ。そこで次のような投書もあった。『読売新聞』の平成十三年一月二十六日号には、こう書いてあった。オーストラリアの大学講師・加藤久美さん（40）からの一文だが、

『年末年始を日本で過ごすのが楽しみだ。成田空港に降り、「帰ってきたな」と実感するのは、空港や鉄道の係員のきちんとした制服姿や、丁寧な対応に接した時だ。社会の規律正しさ、人々の誠実さを見ると、やはり日本はいい国だと感じる。

何事にも自由なオーストラリアに比べると、日本の社会は煩《わずら》わしく、融通が利《き》かない面もある。それでも、美しい国だと思うのは、社会の価値観の奥底に、勤勉さや謙虚さ、周囲との調和などを重んじる心があるからだろう。

今年の成人式では、新成人の一部に「だだっ子」のような挙動が見られた。彼らが「美しい日本の価値観」を教えられてこなかったことをかわいそうに思うとともに、そん

な若者を前に戸惑いを見せている「旧世代」にももどかしさを感じた。

確かに、ＩＴ化などによる急激な社会変化で、旧世代は自信を失ってきているのかも知れない。しかし、社会生活を営む上での基本的な心構えの大切さは今も昔も変わらないはずだ。自信を持って次世代に伝えていかなくてはならないものだろう。

オーストラリアでは、ここ十年ほど日本語教育が盛んだ。私も大学で日本語とその教授法を教えているが、日本社会の美しさを伝えることも日本語教育の一環だと思って学生に接している。これからも「美しい国、日本」であり続けてほしい。』

正信を持て

美しい日本、そして品格のある立派な国であるためには、国民一人ひとりがやはり品格を備えた生き方をしていることが大切で、すきがあったら人の物や権利や公共物を独占しようというような〝下品な心〟ではダメだ。冒頭に紹介した西田幾多郎教授も、「西田哲学」といわれる一流の哲学を弘められたが、その経歴によると、第四高等中学（四高）に学んだころ鈴木大拙師と親しく交わり、その後もずっと信仰生活を大切にされたことが、前述の『善の研究』の解説等にも記してある。

《『善の研究』の成るまでの十年間の日記には、読書省察と同時に常に不断に「打坐《だざ》」のことが記されている。『善の研究』の、やがてまた西田哲学一般の基礎には禅的体験がそれの重要な思想動機の一つとして存するように思われる。先生はこの時代を通じて金沢市卯辰《うたつ》山麓にあった洗心庵雪門和尚に師事した。寸心《すんしん》なる先生の居士号も和尚から与えられたものである。金沢時代十年の間、不断に打坐し、春夏の休暇には殆《ほとん》ど常に禅堂に在り、しばしば遠く京都の妙心寺の接心会に参し、前後十年を通じて家庭で正月を迎えたこと殆どなく、禅堂で「打坐越年」のことが日記に記されている。（中略）明治四十二年八月、第四高等学校を辞して東京に出で学習院教授になり、一年余にして京都大学に迎えられた（後略）》

と下村寅太郎教授（西田教授の後輩）は紹介しておられるが、このような信仰体験からその哲学も生まれて来るものである。かつて夏目漱石氏の文学も、青年期の信仰体験が深く関わっていることを述べたが、わが国の現代人がとかく浅薄な作品や政治や人生哲学らしいものを持つに到ったのは、正しい信仰姿勢を失い、「政治家は聖人君子でなくてよい」などと言い出したからである。しかしあまりにも、〝聖人〟はおろか〝君子〟でもない人たちが権力や利欲の鬼になったから、二十一世紀の日本国にいまわしい崩壊の兆しが続出したのだと思われ、まことに残念な次第である。

*『理想世界』＝生長の家の青年向け月刊誌。

無限流通の思い

ソフトとハード

近ごろの都市では、交通渋滞が起りやすくなった。これは人口の増加や、勤務先と住宅との距離がのびたせいもあるが、まだ改善の余地は沢山あると思われる。その改善には、ハード面とソフト面があるが、自動車を利用していた人が鉄道利用に切りかえるのは、ソフト面の「思い」を変えるだけで、すぐにでも出来ることだ。

最近は私も大抵の所には鉄道やバスなどの公共機関を使うようになったが、本部などに行く時はテクシー（徒歩）を使う。すると適当な運動にもなり、〝渋滞〟もほとんど起らない。交叉点で待つくらいのことはあるが、これも信号を守っていると、心安らかですこぶる快適である。しかしＪＲの山手線などに乗ると、ギシギシに混んでいることが多い。そのような時、よく見ると、七人掛けの席に、六人しか掛けていない場合がよくある。

それも六人が平均的に坐っていたり、一人だけが大股を広げて坐っていると、もう一人掛けるのには気が引けるようである。時にはシートの上に荷物を置いていたり、幼い子を腰かけさせて、母親らしいのが立っていたりすることもあるが、これでは子供の教育にもよくない面が出てくるだろう。こういった時は、ソフト面を訂正しなくてはならないのである。

ところがこの七人掛けの長いシートに、何故六人しか掛けないのかと調べた記事が、平成十一年末ごろの『読売新聞』にのっていた。その観察によると、先ず空席に最初に乗る人が、大抵両端に坐るというのだ。その次の三人目がどこに坐るかが問題で、その人が〝中央の席〟に坐ると、左右に同じ空席が二つずつあるから、七人掛けになるだろうという考え方であった。そのために中央席だけは色変りにしてあったり、中には中央席に小さなテスリをつけて、そこに坐ることを半ば強制している〝新式〟の車体も出来たということだ。

しかし中央の席に誰かが坐っても、その両側の席に二人が坐らず一人だけ坐ることもあるし、一番端の席にもキッチリと坐らず、中間寄りに坐る人もいる。それらの人々は全て「他人のことは考えない」という心情の狭さによるらしい。こうしたソフト面は、平素から人々の良心や愛を開発する以外に、向上の余地はないだろうと思う。

物と心との闘いか

しかしソフト面だけではなく、ハード面の小さな改造もできるだろう。つまり前の例で言うと、七人掛けシートの中央部につけたと同じような小さな手摺《てすり》のようなものを、中央席二つに加えて、図のように付ければよい。そうすればいやでも七人掛けになるのではないだろうか。図体の大きい人や太った人は多少窮屈かも知れないが、できるだけ辛抱してもらうか、立ってもらうか、それともシルバーシートなどの代りに、大きな人用のシートをつくってもよい。一人か二人で自動車に乗って通勤する人もいる世の中だから、公共施設はこのくらいのことをしてもよいだろうと思う。

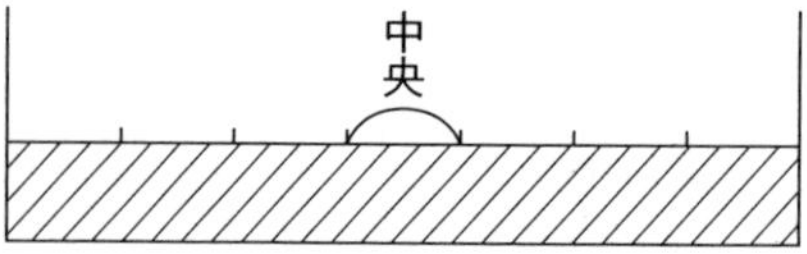

国や団体そのものも、ソフト面とハード面とが共にバランスよく生長して行って、はじめて文明と文化が進歩向上する。文明が主にハード面だと

すると、後者（文化）が主としてソフトの側と言うことができる。より神話的に言うと、伊邪那岐神《いざなぎのかみ》と伊邪那美神《いざなみのかみ》とのお働きが共に現成《げんじょう》しているような社会が理想的であるということだ。

日本国の例で言うと、わが国の物質文明は欧米にくらべてかなり遅れて発達した。永く続いた鎖国政策の影響もあり、明治開国によって西欧の機械文明が流入し、現代の日本国が徐々に造られたと言うことができる。その間に行われた日露戦争も、第一次第二次世界大戦でも、日本のハード面での遅れは、日本人の流した多くの鮮血によって、白日の下に露呈された。

しかしその反動からか世界大戦後の日本は、いささか日本文化のすぐれた点や、その宗教的道徳的な美点をないがしろにして、歴史評価を誤って教えた教育が、今の日本社会を「利己主義」と「金銭第一主義」のように彩色しているのは、極めて残念なことである。いやすでに第二次大戦のころから、吾々は正しい「智慧」と「愛」とを行使せず、欧米と同等くらいの「物質的権利」を要求して、「追いつき、追い越せ」を強行したのである。そして欧米と同格らしい「大東亜共栄圏」を求めて来たが、その考え方の基礎が、ハード的解決法（武力的な戦争）のみにかたよっていては、崩壊する外はなかったのである。

この事実は、精神面を第一に置いたソフトの充実が、どんなに大切かを教えている。それは「精神力」をもって「物量」を制圧し、人間のいのちを金銭的、物量的なものに対抗させるという考えではない。精神的な目的を「神意」に回帰しながら、物質的充実にその〝真面目〟と智慧をもって努力するということである。やさしく言い換えれば、「物を作るのに真心をつくす」ということであって、〝物と心とを相闘わせること〟ではない。そうした対立のない物心両面の充実を計るということである。

洗練されたピアノ

分りやすい例をあげるならば、ピアニストとして有名な中村紘子さんは『どこか古典派《クラシック》』という本（中央公論新社版）の中で、こんなことを指摘しておられた。（一一六頁―一一七頁）
『（前略）ご承知のようにヨーロッパには歴史的名器も多く、ことにスタインウェイは、その表現力の豊かさ、許容量の深さ、耐久力の強靭さなどで演奏家の信頼を集め、永く王者としての地位を独占してきた。そこにヤマハとカワイが本格的に参入してきたのである。

ピアノコンクールで参加者は、各メーカーから提供されるピアノを事前に試弾して自分が弾くピアノを選ぶ。音楽の演奏は楽器と表裏一体といってもよい関係にあり、特に自分の楽器を持ち運べないピアノの場合、ピアノ選びは参加するピアニストにとって真剣勝負となる。

ヤマハもカワイも、初めのうちは使ってくれる参加者もほんのわずかだった。それも当然で、例えば九〇年のショパン・コンクールのころのヤマハは、清純な美少女だけれど華奢《きゃしゃ》で貧血気味、一方のカワイは、何故かダミ声で周囲を圧する田舎娘、といった趣であった。

それがここ数年両者ともに急速に洗練されてきた、と思っていたところが、今回このモスクワでは、九十五人の参加者がほぼ同じ比率で、スタインウェイ、ヤマハ、カワイを選ぶという結果になった。

ヤマハはいまや貧血気味どころか、情感豊かな美女に成熟し、どんな力演にもつぶれない透明感と輝かしい強さを獲得した。カワイもダミ声どころか、実にふくよかで愁《うれ》い翳《かげ》りを含んだ、なんとも典雅で独創的な美しい響きをかもしだす。(後略)』

このようにしてカワイとヤマハは国際コンクールで「幾百幾千のピアニストに試弾され」批判されて鍛え抜かれた結果、立派な楽器を作り出したといわれるのである。幸い私の宅にもヤマハとカワイのピアノが置いてある。どちらもそれほど上級品ではないが、両者の音質がすこぶるちがっていることは確認できる。つまり作り主の思想や心情が異なると、製品の質も変わってくるが、その逆ではない。常に「心」が「物」に表現され、具体化され、象徴されるのである。

そこで立派な国や物や環境を作り出そうとするならば、それを作る人々の心が清まり高まることがきわめて大切であり、「衣食足りて礼節を知る」と思いちがい、心の教育を怠っていてはならないのである。戦時中の記憶から言っても、あの頃は物資が極端に不足した。それ故現代のように物を粗末にして、古くなった物をポイ捨てすることはなかった。人と人との挨拶もちゃんとしたし、ウソツキやゴマカシも少なかったように思う。両親を大切にしたし、子供を虐待することも少なかった。「子宝」と思って、人工流産も行わず、わずかな物を分け合ってくらしたものである。

心は闘わず

しかし今日のような「衣食足りて」いる時代においては、「礼節を知らず」の人たちは山ほどいる。弁当の食べかすを道路に放り捨てる人や、空カンやタバコのポイ捨てなど、いたる所にあり、富士山を〝世界遺産〟にしようとして申請しても、調査員が来て調べてみると、あまりにもゴミの投げ棄てで山がよごれていたので、ヤーメタとなったなど、同じような例はいくらでもあるのだ。

これは物の方を主体にして、先ずそれを充足すると心もよくなり、礼節を知るだろうという考えが間違っていることを示している。元来この「衣食足りて……」という言葉は〝管子《かんし》〟の「牧民篇」に由来し、「倉廩《そうりん》実ちて則《すなわ》ち礼節を知り、衣食足りて則ち栄辱《えいじょく》を知る」から来ているらしい。倉廩とは米ぐらのことだ。栄辱とは栄誉と恥辱である。これは必ずしも正しいといえる見解ではない。古代の中国人が全て真理を述べ伝えている訳ではないから、物も心も大切だというくらいのことなら正当であろう。しかし物は決してそれ自体で動くものではなく、心に従って変化する。地球でも太陽でも、人間の心がそう見ているだけであって、蛙や兎は必ずしもそのような物をその姿でとらえてはいない。主体者である心が、彼らと人とは違うからである。

〝管子〟といわれる本は二十四巻あって、管仲《かんちゅう》の作というが、彼は紀元前六百四十五年に死去した政治論客である。作者も実は多数いたとも言われているから、政治家としては衣食住を主にものごとを考えたかも知れない。しかしそれを達成するのも人々の心が天意に叶《かな》い、正道を歩むところの〝聖人君子〟の志から外れていては、インチキや汚職や不倫で、ガタガタにならざるを得ないのである。「政治家は聖人君子でなくてよい」などという俗論も、これと似たようなものであろう。

現代国家で、物や金銭にあやつられ、天道や人道をふみにじった人たちは、掃いて捨てるほどいる。かつての大戦争時代でも、兵隊が召集されて入隊すると、「お前たちは一銭五厘の値打ちだ」など、人命を軽視するコトバを聞かされたものだ。「しかし馬や兵器はそうでないぞ」と続く。何故なら、当時一銭五厘の郵便料金で、召集令状が送られて来たからだ。このような考え方で、重武装した敵軍に〝肉弾戦〟をやらされたのでは、たまったものではない。これは天皇陛下の国民を〝赤子《せきし》〟として尊ばれたお心とは相反し、食糧の供給を絶ちながら、死ぬまで〝戦え〟と命じたのと同じ考え方である。

これらは全て、「心の法則」なるものを知らず、「精神」と「物量」とを同等のレベルで闘わせようとしたものと言えるだろう。それは「精神力でこの病気を治せ」というのと同じであり、「癌と心で闘う」という考え方とも共通した点がある。本当はそうではなく、「心」は、その従者である「物」とは闘わないのである。丁度人間が心の力でトラックを動かそうとしたり、戦車と力くらべをしようとしないようなものだ。心の力を用いる時はそのような使い方をしないものである。物の設計をするのであり、増産をはかるのであり、豊かな心でもって豊かな社会や国家を造り出すのである。

脳の病気

その「豊かな心」は本来「神の心」であり、「仏の心」でもある。それ故「神の子・人間」の真理を知らないでいては真に「豊かな心」を持つことが不可能なのだ。その心が現実界に投影されて来て豊かな国となり、社会となり、環境となり、家庭となる。それは「心の法則」「業の法則」によるのであって、心は人間の肉体（という物）によく表現されてくるものだ。

例えば旭川市末広町に住んでおられる重松《しげ》明子さん（昭和十六年七月生まれ）は、平成十一年十二月五日の本部練成道場（飛田給）で次のような体験を話された。明子さんは平成十年の十月末に、突然目まいと嘔吐の症状を起し、救急車で病院に運ばれた。数多くの検査が続き二ヵ月たったが、まだ原因が分らない。そのうち手足がしびれ、口がまわらなくなってしまった。血圧も百九十以上になり、頭がガンガンして来た。そこで専門の病院で診察を受けた方がよいということになり、旭川日本赤十字病院に移って詳しく脳の検査を受けたのだった。

こうしてＭＲＩ（磁気共鳴映像法）などで検査すると、左脳の動脈に瘤《こぶ》が出来ていることが発見された。即ち動脈瘤《りゆう》の疑いがあるから、入院の準備をしなさいといわれ、そのためのパンフレットをもらって自宅待機をすることになった。担当の医師からは「入院するまで、絶対安静にして、重い物を持ったり掃除したりしないで下さい」と言われ、便秘したら薬を使いなさい、そうしないと動脈が破裂して死んでしまいますと言われた。

しかしそれから二ヵ月も待っていたが、中々ベッドがあかないらしく、何の連絡も来なかった。で明子さんはその間、自分で色々と反省したのである。生長の家は昭和五十年からやっていたが、何か間違ったことをして来たのではないか、と考えてみた。そのうち平成十一年の二月になってから、娘さんが「飛田給練成会に行きたい」と言い出した。明子さんと俊男さんのご夫婦には健一君という長男さんもいて、その健一君が三月四日、五日と期末テストがある予定だった。どうしようかと思って迷っていたところ、

ご主人の俊男さん（会社員）が、

「息子は僕がみているから、心配ないよ。お母さんが今元気になることが一番だから、行きなさい」

と助言して下さった。そこで明子さんは娘さんと共に三月の練成会に参加したのである。すると自分が今まで生長の家の組織活動をしていた時、色々な先輩の人に不満を持っていたことに気がついた。その不満を家で語ることが多くなっていたのだ。「これではダメだ」と思いながらも、ついそのまま先輩の人たちを審いていた。そして娘さんの大学の仕送りのため仕事をするという理由で、組織活動から逃げてしまっていたのである。


一方仕事の面では、明子さんが「和顔・愛語・讃嘆」をなさるので、店の人々からは大変喜ばれたし、仕事はどんどん増えてくるばかりだ。そんなことで彼女は仕事にばかり力をそそいでいた。するとその姿を見て、息子さんが生長の家のことを、すごく批判しはじめたのである。

練成会に行った

しかし健一君は中学一年生の時、すすんで立候補して、ジュニア友の会の会長になったくらい熱心に生長の家をやっていた子だ。その子がひどく反発し出した。この姿を見て、明子さんは、これは、自分が生長の家の先輩に反発している姿だなと思った。それまで彼女は教化部へは丸三年間も背を向けていた。これがいけなかったのだと反省したのである。

さらに本部練成道場へ来てからは、阪田総務からも色々と励まされ、「悪いことが起った時は、実はチャンスが訪れたんですよ」と教えられた。大きく飛躍する時だとも言われた。こうして彼女の心が解放され、とても楽な気持になっていった。

すると六日目の朝のことだ。早朝の神想観の途中で、急に涙があふれ出した。家族一人ひとりのことが思い出され、入院したりベッド待ちをしている間、皆が協力して炊事や雪はねや洗濯など分担してやってくれた。家族の人々はどんなに苦しかったことかと思って、泣き通して懺悔したのである。すると見るもの聞くものが全て光り輝くようであった。

こうして飛田給での練成を終り家に帰ると、病院から入院しなさいという知らせが来ていた。そこで病院に行き、早速造影剤を用いてのくわしい検査をうけたところ、脳の血管に見られた瘤が全く消えていた。担当の医師は、以前撮った写真と今回の写真とを見くらべて、

「ここにあったものが、今はないんですよ。もうどこにも異状は見られませんでした。どうしてこうなったのかも分りません」

と言われるのだ。このように「心」が変わると、肉体の中の姿も変わるものだという実例がハッキリ見られたのであるが、心が血管の瘤をなくしようとして、それと闘うといった一対一の対決や格闘がこの現象を引き起したのではなかったのは勿論のことである。

さらに練成が終り明子さんと娘さんとが喜び一杯で帰宅すると、健一君が、

「僕も練成を受けたい」

と言い出した。

「じゃお父さんと一緒に行けばいい」

というと、「お母さんが行くので意味があるんだ」という。そこで平成十一年の八月に

は、再び重松さん宅の家族四人（全員）で練成会に来られたのであった。

無限の流通

このように「心の法則」は、心というソフトがいかにしてハード面（肉体や作品や仕事）にその姿を現すかを示すもので、これは又長期的には「業の法則」とも呼ばれ、善行が善果をもたらし、悪行が悪果を生むという「因果律」とも言えるのである。それ故、吾々は国家としてもこの法則をよく心得て善業を積み、善果を得、豊かな心を養って、豊かな国造りをしてゆかなければならない。「豊かな心」とは、他国から物や土地や資源を奪うことではない。さらに又、〝鎖国精神〟というような狭い心で国の資源や産物を独占して、他国には輸出しないとか、他国からは買わないなどという自国独善の政策を取ってはならないのである。

幸いにしてわが国の人々は古来すぐれた物品を多く生産した。文学作品でも「万葉集」などは、どの欧米諸国でも作られない西紀四〇〇年代前半から七五九年までの歌四千五百余首を集めた世界第一級の文学作品集であり、それは国民の心の豊かさと高さとを示す物である。しかもその中には「詠《よ》み人しらず」という歌が沢山ある。これは名も知らぬ庶民がこのようにすぐれた心を持ち、歌をよみ、物作りをし、家具や武具なども作ったということなのだ。しかしあまり荒々しい心は持たなかったので、後世になると大砲や鉄砲の製作はずっと遅れてしまったが、その反面日本刀などにはすぐれた芸術性までも現わすように高度化された。

　この精神は現代のＷＴＯの話し合いにも表現されるべき「宝」であるから、いかによい日本米が作られても、これを独占的に国内だけで使い、外国米を極力輸入しないなどといったケチな心を起すべきではないのである。いうまでもなく、米でも果物でも科学的な製品でも、よいものを作り、どんどん輸出し、又よいものは大いに輸入する心が尊いのだ。まさに『自然流通の神示*』にある如くである。即ち、

『(前略)一切の者が富んでいる。此《こ》れが実相である。大いなる生命の流れが一切者に貫流し、とどまらず、堰《せ》くところなく、豊かに流れて、ものの供給もおのずから無限である。一切のもの必要に応じて流れ入ること、一つの大河の流れより水を汲みとれば、隣の水来《きた》りて其《そ》の虚を埋めるのと同じさまである。流通無限、貧に執せざるが故に貧とならず、富に執せざるが故に他を搾取せず、流通せざる固定の富なきが故に、みずから豊富なる供給の流れを受くれどもそれを占拠せず、執著せず、来るに従って拒まず、受け

て更に価値を増して他を霑《うるお》す。自給自足などとは自他に捉れた狭い考えである。自他は一つである。「生長の家」は自給他足、他給自足、循環してとどまらず、大実在の無限流通の有様を見て、その有様の如く現実世界を生きるのが現実界の「生長の家」である。貧に執する聖者も、富に執する富者も、「生長の家」人ではない。当り前の人間を自覚し、当り前に生きるのが「生長の家」の人である。「当り前の人間」が神の子である。皆此の真理を悟った人が少い。「当り前の人間」のほかに「神の子」があるように思って異常なものを憧《あこが》れるのは、太陽に背を向けて光を求めて走るに等しい。(後略)』

この教えの説く所をよくよく心得て、ソフトとハードとの両面の正しい使い方に習熟することが、二十一世紀における大切な国民的課題であると言うことができるであろう。

*『自然流通の神示』＝谷口雅春大聖師が昭和八年に霊感を得て書かれた言葉で、この神示の全文は『新編 聖光録』『御守護 神示集』(いずれも日本教文社刊)に収録されている。

人を愛し、国を愛す

紳士的

人は誰でも、知らず知らずのうちに、祖国から沢山の恩恵を受けている。日本人ならみな先祖代々から日本国の保護をうけて暮らしてきたのである。もしも日本が昔どこかの国に侵略されていたならば、今の吾々の生活は、全く変わったものになっていたであろう。

このような事は、どんな国の人についても言えるのであって、それぞれの国は、何らかの形で国民を教育し、保護し、かつまた「拘束して」きたのである。ことに父母が子供の教育について、重大な影響を及ぼしていることを思うならば、父母から順次祖先にさかのぼるにつれて、その国による影響が薄まることは全く考えられないのである。

例えば平成十二年一月二十七日の『産経新聞』に、岩手県盛岡市に住んでおられる安田義憲さん（64）が、次のような投書を寄せておられた。

『私は以前、青森県三沢市に住んでいましたが、自転車マナーの素晴らしい所でした。といっても残念ながら日本人ではなく米軍人のことです。米空軍基地がある三沢は、市民四万二千人に対し米軍人や家族は一万二千人にものぼります。

市内の商店街は二人並べばふさがるほど狭い道ですが、自転車がよく通ります。老人がトボトボと歩いていると、対面から自転車で来たアメリカ人の子供はさっと手前で降りて傍らに寄せ、老人の通り抜けるのをじっと待っていました。私の前でも自転車に乗ったアメリカ人の親子連れが父親、母親、子供と次々に降りてゆき、一列に寄せて私が通るのを待ってくれたことがあります。

三沢は士官が多いためか米軍人は紳士的といわれています。自動車もローンが使えないのに信用で月賦販売をして、回収できないことはまずないとか。私が見ても、学校の指導よりまず親が率先して手本を示し、躾（しつけ）をしているのがよく分かります。

日本の親は勉強にはうるさいが、社会のあらゆる面でマナーは低下しているので、躾の仕方は分からないようです。将来の日本は他人との接触が砂漠のような国にならないかと案じられています。（無職）』
沖縄の米軍基地近辺では、アメリカ兵の暴行なども伝えられたが、だからといって米軍の基地が全て危険だとか、アメリカの軍人は悪質だとか言うのは、大変偏った見方であろう。

よい人、よい国

一方日本の各地でも、色々の住民が住んでいて、教育や育てられ方、あるいは職業的訓練によっても大差が出る。だからある職業の人はみな善いとか悪いとかというような大雑把な判断を下して、排斥したりのぼせ上がったりしてはならないのだ。平成十二年一月二十五日の『毎日新聞』には東京都世田谷区に住む大崎八千代さん（72）のこんな投書がのせられていた。

『「お待たせしました」「ありがとうございました」

わざわざ車から降り、足の不自由な私に手を差しのべてくれるタクシーの運転手さんが気に入って、月1度、通院の時、お願いしている。30代後半、2児のパパである。今年個人タクシーの試験を受けるため、一生懸命勉強中。

タクシーの運転手さんは出勤時間が早い。夜は8時ごろ寝て、朝は3時半ごろ起床、出勤前の勉強が定着してきて苦にならないという。「妻も協力してくれるので助かります」。奥さんへの感謝も忘れない。子供さんへの愛情も、言葉の端々にうかがわれ、こちらまで温かい気持ちになる。「試験に受かって、好きな絵を思いっきりかいてみたいです」。つぶやくように聞こえてくる運転手さんの声。絵も拝見したいと思う。

さわやかな運転手さんとのおしゃべり、片道45分の道程が短く感じる。「頑張って下さいね」。心から運転手さんにエールを送っている。』

このように勉強熱心な、深切で優秀な運転手さんがいるということは、心強くてありがたい話である。近ごろの青年は挨拶ができないとか、「ありがとう」が消えてしまったという話も聞くが、中には深切で気持のよい青年男女がいくらでもいることを忘れてはならない。

だから「日本が好きだ」という外国人もおられる。平成十二年一月二十四日の『産経新聞』の〝斜断機〟という欄に、このような記事がのせられていた。

『私にとって日本とは単にそこで生まれたから住んでいる国ではない。私は人生の三分の一ほどを日本の外で暮らしたが、日本に戻ってきたのはこの国を選択したからであり、それはこの国が「よい国」と思ったからである。

この「よい国」という実感は重要なことだと思う。為政者や知識人の仕事とは「よい世界」を作るための努力でもあるが、それ以上に「よい国」をつくるための努力であり、しかも自国を「よい国」と思うのは必ずしも容易なことではないからである。このことは私たちが住む東アジア世界を眺めてみればよく分かる。この地域には自画自賛は少なくないが、自国を「よい国」というときの最も確かな根拠となる信頼には欠けている場合が多いのである。』

この一文の作者は、東京都立大学教授の鄭大均さんという人だが、人でも国家でも、それが「好き」であるためには、「信頼」がまず第一であり、金があり豊かであるかとか、強くて大きいかなどという「物的な条件」ではないはずだ。

無批判ではありえない

さらに同氏は次のように述べておられる。

『私は日本を「よい国」と考える人間であり、そのことをやや強調することもあるが、このことは日本人や日本社会に無批判であることを意味しない。この国で気にくわないことの一つに朝新聞をひろげるときに目に飛び込んでくる週刊誌広告の「過激な性表現」がある。今回読売新聞社は「週刊現代」と「週刊アサヒ芸能」の新聞広告掲載を当分見合わせることにしたというが、これは賢明な判断だ。あるひとがいうように、新聞を読むという行為はある種の国民儀式であり、その新聞にポルノまがいの広告が掲載されているということは恥ずべきことなのである。

もう一つ。この国で犯罪的と思うことに過剰包装の問題がある。なぜ日本では菓子パンやせんべいまでが一個ずつ包装されなければならないのか。本だって、カバーの上にさらに包装紙でおおうのは資源の浪費ではないのか。それが日本人の美学やきれい好きに由来するとしても、資源の浪費とは犯罪であり、ゴミ問題が深刻だとか地球にやさしくというなら過剰包装の問題に無関心でいるのはおかしいのではないか。この国のエコロジストたちはなんておとなしいんだろう。』

さらにもう一つだけ、日本人として日本人に注文をつけ加えるならば、「道で歩きながらタバコを吸わない禁止条令」を出すことである。このために、どれだけ環境や歩行者が汚染されているか分らないくらいだ。石原都知事さんも、ディーゼル車の排気ガスと共に、〝人間の排気ガス〟タバコも、せめて都市部では率先禁止してもらいたいものである。

現代の日本は、毎年夏になると「平和」を求める記念行事が山積する。自他ともに「平和国家」と思い込んでいるかも知れないが、口先でそれを唱えるだけではなく、実行に移すための行動がとても大切だ。例えば病気を治すには、口で「健康、健康」といくら唱えても、健康をもたらす生活習慣を作り、規則正しい日常生活を送る努力をしなければ、健康とはならないのである。

今でなら、「戦争反対」や「平和」を唱えることは誰にでもできる。しかしかつての大東亜戦争（太平洋戦争）の最中、それを唱えることは、多大な困難を伴う行為だった。しかしこれを実行した軍人さんもいたし、政治家や民間人もいたのである。有名な実例としては、かつて山本五十六司令長官の日独伊三国同盟及び日米戦争反対の主張と、逆の推進派だった松岡洋右外相の例を紹介したことがあった（平成十二年機関誌七月号*）。それ故軍人だから平和よりも戦争を望むと、一方的に考えるような画一主義に陥ってはならないのである。

硫黄島《じま》への派遣

ところで平成十二年八月九日の『毎日新聞』の〝余録〟欄には、元陸軍中将栗林忠道氏の次のような話が紹介されていた。栗林中将は昭和十九年（一九四四年）、アメリカ軍が沖縄攻撃に移るころに硫黄島に派遣された。それまで栗林氏は近衛師団長を務めていたが、五月の末日、当時の東条英機陸相から大臣室に呼び出され、小笠原諸島の指揮官（小笠原兵団長）として出発を命ぜられたのであった。

『末娘のたか子さんは、当時10歳だった。別れの日に門の前で泣いた。お父さんの栗林忠道さんは「たこちゃん、元気ですか」という短い遺書を硫黄島から送った。「お父さんは、お家に帰って、お母さんとたこちゃんを連れて町を歩いている夢などを時々見ますが、それはなかなか出来ない事です」▲「たこちゃん。お父さんはたこちゃんが大きくなって、お母さんの力になれる人になることばかりを思っています。からだを丈夫にし、勉強もし、お母さんの言いつけをよく守り、お父さんに安心させるようにして下さい。戦地のお父さんより」▲若いころ米国に留学して国力の差をよく知っていた栗林さんは、米国との戦争に勝ち目はないと主張した。そのため主戦派の軍上層部に嫌われ、絶対に生きて帰れない硫黄島守備隊の司令官を命じられたと言われている』

『地獄の戦場』と題するリチャード・ホイーラー（Richard Wheeler）氏の著書（堀江芳孝訳・恒文社版）は、かなり公平な観点から硫黄島の激戦を書いているが、その十八頁には栗林氏を次のように紹介している所がある。

『（前略）しかし栗林がこの重大にして困難な任務に適任であったことは確かである。第一に、彼は侍、すなわち日本の士族の出であった。この特権階級は既に政府から認められなくなっていたが、まだ国民の伝統の中に強く残っていた。栗林の父系の先祖は歴代武士であった。そして彼は陸軍に三〇年間勤務していた。五〇歳を越えたばかりの年齢で、日本人としては丈が高く約五フィート九インチあり（一フィートは約三〇センチ、約一尺、一インチは一二分の一フィート）、身体の均勢が取れていた。彼は小さな太鼓腹をしていたが、東京のラジオは後日その太鼓腹の中に強力な敢闘精神が入っていたのだと描いている。彼には自信があり、鉄石の意志があった。中学時代、学校当局に対してストライキのリーダーとなり、すんでに退校になるところであった。疑いもなく彼の学業成績優秀なるがために退校を免れたのであった。一人のクラスメートは彼のことを「若き文学狂」で「演説、作文と詩作に秀でていた」と描いている。（後略）』

硫黄島はマリアナ諸島と日本本土との中間にある小さな島だ。従ってB29がサイパン米基地から日本を空襲する途中に、硫黄島からレーダーによって知られて飛び立つ日本の迎撃機によって攻撃を受ける。さらに日本本土には硫黄島からの無線連絡で、戦闘機と対空砲火が待ち構えている。だから米軍としてはこの硫黄島をぜひ攻略する必要を痛感したのであった。

防衛陣を作る

一方日本側は米軍の来襲を確信して、栗林中将を小笠原兵団長として任命した。『毎日新聞』の〝余録〟には、続いてこう書いてある。

『▲着任した栗林さんは、まず島の住民を戦火に巻き込まないよう強制疎開させた。掘ればすぐ硫黄ガスの混じった蒸気がわき出る島にトンネルを掘り、要塞《ようさい》化した。そして、できる限り敵を食い止めるから、早く終戦交渉を始めるよう上申した▲地下の洞窟《どうくつ》に立てこもった硫黄島守備隊2万は、押し寄せる米軍上陸部隊6万、支援部隊22万を相手に歴史に残る激闘を演じて、全滅した。しかし東京のソファに座った戦争指導者たちは終戦の決断ができなかった。いたずらに時が流れ、沖縄、広島、長崎と、多くの国民の命が失われた▲重い責任を負わされたらだれでも逃げたくなる。体が逃げなくても、心が逃げれば思考停止になる。だが栗林さんのように踏みとどまる人はいる。いっしょに散歩したたこちゃんの小さな手の感触が支えだったのだろうか。責任から逃れたくなったら、栗林さんの短い文章を思い出すといい。時を超えて励ましてくれる気がする。』

このように栗林さんは、兵隊や住民をできるだけ保護し防衛すると同時に、一刻も早く終戦交渉を進めてくれと進言したのだ。

その理由は栗林氏がかつて米国とカナダに勤務して、アメリカの実情を観察し、その精神力も経済力も決して見落してはならないと承知していたからである。即ち『地獄の戦場』には、青年将校時代の彼についてこう記されている。(一八一～一二〇頁)

『一九二〇年代の末期に彼はワシントンに武官補佐官として勤務した。米軍将校から自動車の運転を教わり、自動車を買って米国内を旅行した。ニューヨーク市ではブロードウェイの高いビルディングに悩殺され、バッファロー市で入墨をした女性の経営する部屋に滞在したが、この女はお相撲さんより大きいことを知った。彼女は彼の英語の実習を助けた。

栗林はデトロイトで立証された通り、米国の工業力に特に印象づけられた。彼は国家の大きな平和時の経済は、ワシントンからの電報一本で強力な戦争機械に転換することができるわけだと感銘を深くした。彼は米国人はエネルギッシュで多芸であり、危急の場合には真の戦闘能力を示すに違いないと書いている。

彼は故国への手紙で「米国は世界の中で日本が戦うべき最後の国である」と述べている。』

ここにのせられている「日本が戦うべき最後の国」という言葉は、彼の手紙の真意ではなかったようだ。そうでなければ、どうして最初から日米戦争に反対し、軍部の首脳からにらまれて、二度と帰国できない硫黄島戦の最高指揮官にされたのか、訳が分らないからである。「戦うべき」は、「戦うことになるであろう最後の国」という意味の「べき」で、当時の陸軍部内の空気をよく知っていた彼の文章の一種の文語訳であろう。そこでホイーラー氏の文章はさらに続いてこう述べている。

『栗林は米将校諸氏の下で、騎兵戦術を勉強した。それら将校の中の一人ジョージ・V・H・モズレイ准将は友情と敬意を示すしるしとしてサイン入りの自分の写真を進呈している。米国とカナダに数年間駐在した後、栗林は自国の騎兵隊に勤務し、中国で実戦に参加した。パールハーバー奇襲戦のあと、この硫黄島戦までに、将軍として第二三軍参謀長として香港攻略戦に参加している。一九四三年後は、東京に召還され、東京師団長となり、皇居守衛の任に服した。当時彼は、裕仁天皇に単独拝謁を賜るの光栄に浴した。その後兵舎に火災発生という事件に遭遇し、東条と会うことになったわけである。

一九四四年六月早々、硫黄島に向って家を出る準備をした時、将軍は恩賜の軍刀を携行して行かないことに決めた。彼はよしい夫人や子供らに悲観的なことは何一つ語らなかったが、兄には「この任務から生きて帰国することはあるまい」と語った。彼は真の侍のごとく戦うことを誓ったのであった。』

さていよいよ硫黄島戦の状況だが、

『二月十九日六時ごろ、米輸送船団は大挙して硫黄島南東沖合に進攻し、既に同島を包囲していた艦船を含めその数は約五〇〇〇隻に達した』

と「陸軍作戦書」(防衛庁防衛研修所戦史室戦史叢書)には記されている。次いで米軍は、

『同日六時四十分、増強された戦艦七、重巡四、軽巡一、駆逐艦一〇……　などをもっ

て同島距岸一〜二粁《キロ》まで近迫し、全島特に南海岸、千鳥（第一）、元山（第二）飛行場及び摺鉢山《すりばちやま》等に対し熾烈《しれつ》な艦砲射撃を開始した』

このような激しい空爆と艦砲射撃によって、日本軍の施設や陣地はほとんど壊滅し、同島の草木は丸裸となったが、兵隊の損害は割合軽微だった。というのは、米軍が第一次の上陸をするまで、栗林兵団は、沈黙を守り、ほとんど反撃をしなかったからである。『硫黄島』というビル・D・ロス（Bill D.Ross）著・湊和夫訳（読売新聞社版）にはそのわけについてこう記してある。

『栗林中将は、こうした米軍の動きに驚いてはいなかった。そうなるように、彼は計画を進めていたのである。彼の戦闘計画を左右するカギは、海兵隊を上陸させ、巨大な待ち伏せ網の中に閉じ込めることにあった。栗林中将の部隊は、アメリカ軍の大規模な火力を目の当たりに見て、一時は仰天し、戦闘神経症に陥ったが、いまや陣地につき、中将の命令があればいつでも米軍侵攻部隊を一掃する構えだった。戦術にたけたこのサムライ中将は、じっと好機の到来するのを待っていたのだった。

栗林中将の計画は、こうだった。すなわち、海兵隊を、まず、ほとんど抵抗もせずに上陸させる。そうすれば、自軍の部隊を撃つのを避けるため、アメリカ軍は艦砲射撃も、空中からの爆撃も、やめるだろう。日本軍には、砲撃や爆撃の効果をなくしてしまうような、時間的余裕を与えることになる。アメリカ軍は海岸線に兵員や弾薬物資を積み上げる。そこで日本軍は、大砲と迫撃砲とによる猛烈な砲撃を加えて、後続の上陸を断ち切る。クギづけされた海兵隊への増援を遮断する。すでに上陸した部隊には、容赦なく死傷者を出してもらう。そのあと、侵攻部隊を島から追い出す――。

栗林中将が、仕掛けた罠《わな》の止め金を引いたのは、午前十時すぎのことだった。』

摺鉢山にて

しかし終戦は来らず、援軍も来ず、次第に島の南端にある摺鉢山に追いつめられ、大多数の人々は死傷した。栗林中将の最後の模様を、ホイーラー氏はこう書いている。

『三月二十七日、セバランスが傷ついた頭をかかえて船の寝台から起きた朝、硫黄島の死の谷において、一つの陰気なドラマが起こっていた。栗林将軍は多数の将兵とともにある洞穴の中に腰を下ろしていたが、今や一生を終る時機と決断した。死の谷の戦闘中一方の脚に負傷していたので、ビッコを引きながら洞穴の入口に行き、皇居の方に北面した。ひざまずいて彼は三度敬礼し、ついで刀を下腹に突込んだ。後ろに立っていた参謀中根兼次中佐が軍刀を振り落して介錯《かいしやく》した。将軍は国家と家族の将来を心配しながら死んでいった。彼は、日本が間もなく米国との友情の下に繁栄するだろう、ということを知るよしもなかった。その令息太郎氏は父の強い性質を持ち合わせているかどうか、将軍がやきもきしていたが、新しい政体の下に尊敬される建築家となることだろう。かつて硫黄島の海兵たちと会い、摺鉢山からの島の象徴たる石を受取られた将軍の令夫人よしいさんは時々写真を提供して将軍について米国人が描写するのを助けている。』

＊平成十二年機関誌七月号＝同号に掲載された著者の論文「運命を決定する」は、「運命を決定するもの」と改題して『大道を歩むために』（日本教文社刊）に収録されている。

いかなる「道」を行くか

概念的

今日は新聞の休刊日である。だから情報を知るのに、やや不便だ。いつか新聞記者の人に、「主な新聞が一斉に休刊日を作らなくても、各社が勝手に休刊日をこしらえたら、読者はその方が便利ですよ」とすすめたことがあるが、この記者さんは黙然《もくねん》としたままであった。記者さんは「答える」立場ではなく、「質問する」立場——というわけでもないだろう。長年続いた習慣には、美点もあるが、欠点もある。世界は〝多様化〟の時代に突入しているから、もうそろそろ〝護送船団方式〟をやめて、〝個性尊重〟をやってもらいたいものである。

ところが私たちは、とかく概念的にものを考えやすい。そこで「子供たちは」とか

「マスコミは」とか、「若者は」と一くくりにしてものを考えるが、そこには往々にして間違いが生ずる。平成十一年十一月十八日の『産経新聞』には、千葉市の中学生土屋幸奈さん(14)の、こんな投書がのっていた。

『今の世の中、若者を見ていると、みな流行の服装を着て、同じ小物を持ち、だれとでも敬語を使わず話をしているように思える。私はそんな若者たちは好きではない。

そういう人は、常識離れしていて、周りに迷惑をかけても平気な顔をして、すぐ「ムカツク」「みんなやっている」とか言って、人の話を聞かない—というイメージがあるからだ。

こないだ、自宅近くにある高校の文化祭に行ったとき、そこの生徒の中に怖そうな男の人たちが何人かいた。「いやだなあ。怖い」と思っていたが、まちがっていた。話をしてみると、とても明るく親切で、やさしい人だった。人間、見た目ではなく、中身が大事なんだなあと思った。

しかし、そう思いながらも、見た目で判断してしまう自分もいる。みなさんはそんな矛盾を感じたことはありませんか? 私は矛盾を感じつつも、相手の本当の中身を見るよう努めている。』

たしかにその通りだ。先日も私は本部の仕事が終って、帰宅する途中、東郷神社の境内を歩いていると、突然とてつもなく大声でわめいている二人の若者がいた。最初二人とも男性かと思ったが、近よってみると、一人は若い女性だった。

悪口はイヤー

その女の子がワメイタのだ。どうしたのかと思って彼らの方を眺めながら近づくと、彼女はなおも笑ったり叫んだりしながら、私に向かって話しかけた。大声で言うから、言葉の筋はよく分からないが、何しろ私に対して、

「そこのおにいさん、何々なんだよね」

と呼びかけて、笑ったり叫んだりしている。八十歳をとっくに過ぎた私を「おにいさん」というから、こっちもいい気になって笑っていると、二人とも私に向かって、何だかしゃべっているし、とても明るいのだ。〝人見知りをしない〟という、近ごろの若者の美点の一つを発見して、気持よく別れたことがあった。彼らが人の悪口を言っていなかったのは確かだが、平成十二年四月六日の『産経新聞』の投書には、奈良県香芝市の大学生、上野紗智さん(18)のこんな意見ものっていた。

『テレビでいやな番組の一つが、他人の悪口を言い合う〝口げんか〟の放送だ。気分が悪くなるので見たくない。長々と続いた「サッチー・ミッチー」はもう終わったようだが、その後もささいな別のつまらない言い争いが、よく流されている。

日本のしつけの悪さが問題になっている折に、こうした番組を楽しむ大人がいるのも歓迎できないが、それよりもテレビが放送すべきものなのか。疑問に思う。

他人の悪口を言うことは、いらだちを生み出すだけである。悪口を言う側も言われる側も、何ら利益を得られない。小学生が「終わりの会」でいろいろ意見を言い合うのは、まだかわいいが、いい年をした大人がテレビで言い合うのはいただけない。

今年はオリンピックイヤーである。例えば、選手のテレビ・インタビューにしても、不満を語る人より、夢を語る人を扱ってほしい。その方が、視聴者にとって得るものが大きいだろう。得意顔で大声で悪口を言う人などテレビが取り上げるべきではない。』

たしかにこの上野さんの言う通り、いやな放送は沢山《たくさん》あるが、幸いにしてスイッチ一つで消せる所が「文明のキカイ」の長所であろう。ところが中にはよい番組もあって、政治の討論会などは参考になるし、オーケストラの生放送などは、寝ながらたのしめるから、利用価値が大きい。そのテレビ番組でよく登場する評論家の田原総一朗さんは、中々するどい質問をされるのだが、『中央公論』の平成十二年の四月号に、その田原さんと堺屋太一前経済企画庁長官との対談がのっていた。

その表題が〝徹底した商人国家で行け〟とあったから読んでみると、中々面白い意見が述べられていた。それを一部紹介しながら、私の意見もつけ加えてみることにしよう。さて現在の日本経済は、

「規格大量生産の時代から、多様な知恵の時代に転換し切っていないから」

立ち行かなくなったのだと、堺屋さんは指摘される。このことを八五年ごろから言って来たというのだ。そして少子化時代に入ってくると、「外国からの移民を受け入れなければならない状況」になっている。そこで田原さんは、

「日本でも少子化が進み、大量の移民が必要でしょう」

といわれる。「ヨーロッパと状況が似ていくと思いませんか」と問うのに対して堺屋さんは、

「日本の場合、知価革命が先か、移民が先かが問題だと思うんです」

と答えているが、〝知価革命〟とは知恵ある人々や技術者、介護士などが重要視され、こういった人が外国からも入ってくることを言うらしい。そして堺屋さんはヨーロッパ

では大量生産型社会の中に、多くの外国人が入って来たので、〝移民〟は仕事があるから来るのではなく、相手国からの都合で入ってくるのだというのである。

自由競争の時代

『**田原**　堺屋さんは、日本の社会正義は、効率と安全と平等、つまり結果の平等を重んじ過ぎたとも言っていますね。知恵の時代を迎えるためにも、これも修正する必要があるんですか。

堺屋　はい。原則として、これからは能力、努力、幸運の三つによる格差は、容認しないといけないでしょう。

田原　たしかに、すでに容認する流れにある。昔はリストラをしたら、非難囂々《ごうごう》だった。ところがいまでは、マスメディアでさえ、強く反対しませんからね。』

この点はことに教育の面で大いに強調されるべきで、まさに自由競争の時代であり、結果の平等などということに引っかかっていると、子供の運動会でも「お手々つないで、みんなでゴールインしよう」などという馬鹿げたことになってしまう。

さらに言うならば「幸運」も、天から天降《あまくだ》ってくるものではなく、人の心と努力によっていくらでも変化させられるのだ。つまり「業《ごう》の法則」が働くことはすでに色々の所で述べてきた通りである。従って善いことを積み重ねている人には、いつか必ず善い結果が、ポコッと出てくるのであって、危急の時にはのがれ去ることもできるし、そうでなくて悪業を積んでいると、丁度運悪く雪崩《なだれ》など災難に出あって死ぬということもありうる。

さらに「能力」についても、前々から練習を積んで行くことによって、全ての人々にある種の能力がつくのであり、これをこの生涯だけに限定せず、死後の世界（次生や後生）でも練習を続けて行けば、「生まれながらにして天才的」といわれるような子供として生まれてくることも可能なのだ。つまり人間の一生を、この肉体という限定された期間だけではなく、人間本来の無限のいのち、「神の子・人間」の信仰を持つことを会得しなければ、「自由」や「平等」を求めても中途半端に終ってしまうのである。

ところでその一環として当然「所得に格差が生じる」が、それで出てくる優勝劣敗について、堺屋さんは「運不運で差の出ることは否定できない」として、

「ここで重要なことは、弱い立場の人たちの人権と尊厳は必ず守らなければいけないということ。そのコストは所得の高い人のほうが多く支払う。所得水準が無限に平らなの

がいいのではないが、一定の人権、尊厳を守るまでは保障しなければいけない。そこからあとは差が拡がってもいい」

というのだ。日本でも貧富の差がわずかながら拡がっている。小泉内閣になってからは、リストラが進み、この傾向は強化された。しかし現在の日本の税率制度では、あまりにも所得差の高下で税率が変りすぎている。やっと最高を五〇％にしようという話が出ているくらいだ。しかし昔ユダヤで行われた「什一税《じゅういち》」というのは所得の十分の一を公共のために支出する。ことに〝神に捧げる〟という考え方で、生長の家で行っている「什一会員*」もこの考え方にそって作られたものである。

劣等感をもつな

このような考え方は現にアメリカでは、共和党議員から「フラット税制」として何回か議会に提出されたり、論議されているが、年収のごく低い人は別として、ある程度以上のものは収入の十七―十六％の税率にしようなどという提案があった。こうしたフラット制でも、高収入者は低所得者よりずっと多くの税金を支払い、彼らを補助している結果になるが、日本でもなるべく早くこのような方向に進んで行くと、新しい活気ある社会が出現して、外国からも「有能な知恵ある人々」が定住するだろうと思われる。

こうした点ではやはりアメリカが先進的であり、大統領選挙でも、出産に対する女性の自由をみとめる「プロ・チョイス」と、胎児の生命の保存を求める「プロ・ライフ」が、ちょうど民主党と共和党の候補者、アル・ゴアとブッシュさんとの間で行われて、きわめて開放的で透明度が高く、結局大統領はブッシュさんに決った。こうした点は、日本としても学ぶべきものがあるだろう。しかし何もかもアメリカに従えというのではない。が安保問題についてはすでに述べた如く、日本もハッキリと集団的自衛権を認めるべきであると思う。

さて平成十二年四月九日の『産経新聞』には、次のような投書がのせられていた。

『　　　　　　　　　　　勝間田弘　29（英国・バーミンガム）

現在、英国の大学院に留学しており、安全保障論のゼミで、英国人学生と討論することがある。そこで強く感じるのが彼らの対米コンプレックスだ。北大西洋条約機構（NATO）の中で、欧州諸国は米国に振り回されているという議論が出てくる。

彼らと話をしていて思い出すのが、日米安保における対米劣等感だ。昨年、日本にいたとき、日米安保もNATOのように関係を対等なものにせよ、という声をよく聞いたものだ。

ところが、欧州では全く逆の議論が行われている。先日、ある学生はNATO加盟国間の関係も日米安保のように対等なものにしなければと発言していたので、これには苦笑してしまった。

こうした対米劣等感は、実際には全く根拠のないものなのではないか。日米安保にしろNATOにしろ、各国の自由意思により成立している。もしもいやならば、いつでも離脱できる枠組みである。従って、従属関係などは存在しないはずである。日本と欧州それぞれにおける議論の矛盾が、この点を証明している。

偏屈な感情から脱し、冷静に自国の安全保障を考えたいものだ。（大学院生）』

いかなる人も国家も、〝劣等感〟を持つことによって大きく生長することはありえない。日本でも「必ず少子化する」ときめてしまう必要はなく、多くの人々が「生命の尊厳」の根本を自覚し、「神の子・無限力」を自覚し、その訓練をして行くならば、あらゆる面で国力を充分伸ばすことができるのである。

「道」とは何か

さらに情報技術（ＩＴ）産業はますますのびて行くだろうが、これも、だからといって物作りの産業が衰えたり不要化することは全くあり得ない。田原さんがこうしたＩＴ産業では、五十代以上は使いものにならないじゃないかと質問されるのに対して、堺屋さんはこう答えておられた。

「そういった人たちには、過去の経験で経営者になってもらうんです。だからＩＴ産業で十年活躍できれば、資産もできるし経験や人脈もできる。自分のクリエイティブな力が衰えたと思ったら、違う分野に行く準備をすべきなんです。これは三十歳で頂点を迎える野球選手と同じだと思いますよ。」

次いでデファクト・スタンダード（事実上の標準）の戦略に、日本は敗れたのではないかという田原さんの質問に対して、

『**堺屋**　デファクト・スタンダードは、もっとも繁栄し、もっとも便利なものをつくったところが獲得するものです。だから誰がつくったかを議論するのは愚かなことだと思いますよ。私はいちばん便利なものを世界中が使えばいいと思います。たとえば古くは数字。アラビア数字がいちばん便利だから、みんな使っているでしょう。』

こうした考え方は、自由豁達《かったつ》でよい方向だと思う。しかし同時に自動車や飛行機、そ

れからケータイ電話の過度の使用のためのエネルギーのロスもそうだが、それらが地球大気や海水を汚染して、地球の生命を亡ぼしてしまう方向に行ったり、少子化を促進する環境ホルモンを増大させないような「智慧と愛」とが強化されることが大切である。

このような議論から、さらにドルとユーロに対して、〝円〟流通圏を作ったらどうかという案や、日本は小国主義で行くか、大国主義がよいかの問題に入っていくと、堺屋さんは小国主義の方をとる。なぜなら大国になるためには二つの要素がいるという。

「ひとつは経済的に自立できていること。外国と意見が違って、貿易を遮断《しゃだん》されたり、投資を引き揚げると言われてもびくともしない。第二に軍事力をしっかりと持っていること。他国と全面的な対立になっても、怯《おび》えないことが必要なんです」

そして日本には決定的に欠けているものがある。それは「武人の文化です。日本は戦後、武人の文化を放棄した。つまり軍事大国となり得る精神的基盤を決定的に捨てたんです」と堺屋さんはいう。さらに田原さんが、武人文化の復活を望みませんかと聞くと、

『**堺屋**　私は今後一〇〇年間、日本に軍国主義を復活させないためにも、武人文化がないほうがいいと思っています。

田原　なぜですか。

堺屋　それは第一に、日本は地理的にも、人口構成でも戦争に勝てる状態にないからです。こんな奥行きのない国は、数発の核爆弾ですべて廃墟になってしまう。それに資源もなく、潜水艦が十隻きただけで干上がってしまう。少子高齢化状況では兵士もつくれない。』

そのような論点から、「武士道ではなくて商人道で」という所に帰着するようである。しかし日本には古来「士・農・工・商」という身分制度があったので、武士道か商人道しかなかったのではない。それも必要だし、その道に従った立派な人々の実例もあるが、農民や工作者職人さんにも、すぐれた魂（道）を保持した人々がいたのである。しかも今でも農業家は孜々《しし》として食糧や森林を保護して、水と空気の大切さを伝えてくれているし、多くの工業従事者はすぐれた物作りをして、世界の最先端産業になくてならぬ素材を各国に供給し、その仕事に職人魂を打ち込んでおられる。従って、「士・農・工・商」は共に「道」として成り立つのである。さらに又国には古くから「神職」や「僧侶」が存在した。これは神のみ心を現成《げんじょう》しようという役割の人々であって、わが国の中心者であらせられる天皇陛下は、代々神官中の最高の神官ともいうべきお方であった。

そのような神職や僧侶や正しい信仰の宗教者は、一切の現象界を超えた「久遠・不滅のこころの道」を伝えるのであって、『甘露の法雨』の「実在」の項には、こう記されている。

『実在はこれ死せず、
この真理を知ることを道を知ると云《い》う。
実在は宇宙に満ちて欠けざるが故に道と云う。
道は神と倶《とも》にあり、
神こそ道なり、実在なり。（後略）』

即ちこの真理をよく理解し、その心を心とした人々が、将来の日本国の地形的・資源的欠点等全てを補うところの「道」の〝伝道者〟であり、真の日本国の栄光なのであると、私は信ずるのである。

＊什一会員＝生長の家の運動に共鳴し、献資をする人たちの集まりである「生長の家聖使命会」の会員の一種で、月額千円以上を奉納する会員。

新《あたら》しいチャンスのとき

平成十四年 四 月十五日　初版発行
平成十四年十一月 一 日　六版発行

著　者　谷口清超（たにぐち　せいちょう）

発行者　岸　重人
発行所　株式会社　日本教文社
東京都港区赤坂九―六―四四　〒一〇七―八六七四
電話　〇三（三四〇一）九一一一（代表）
〇三（三四〇一）九一一四（編集）
FAX〇三（三四〇一）九一一八（編集）
〇三（三四〇一）九一三九（営業）

頒布所　財団法人　世界聖典普及協会
東京都港区赤坂九―六―三三　〒一〇七―八六九一
振替　〇〇一一〇―七―一二〇五四九

組版　レディバード
印刷・製本　光明社
落丁・乱丁はお取り替え致します。
定価はカバーに表示してあります。

ISBN4-531-05223-4

本書の本文用紙は、地球環境に優しい「無塩素漂白パルプ」を使用しています。